新时代日语教学理论研究

周　乔◎著

中国纺织出版社有限公司

内 容 提 要

日语课程作为日语专业必修课中的主要课程，其任务是全面训练学生语言基本技能及综合素质。因此，课程的教学方法直接影响着教学任务能否完成，为今后教学管理水平的提升奠定基础。本书以"日语教学理论"为主题，论述了新时代背景下日语教学的基础理论，日语教学相关理论及其应用，翻转课堂理论与日语教学实践，情境式教学的应用等。本书注重理论联系实践，为日语教学提供了新思路。

图书在版编目（CIP）数据

新时代日语教学理论研究 / 周乔著. -- 北京：中国纺织出版社有限公司，2024.7. --ISBN 978-7-5229-2085-6

Ⅰ. H369.3

中国国家版本馆 CIP 数据核字第 2024NE9240 号

责任编辑：张 宏　　责任校对：王蕙莹　　责任印制：储志伟

中国纺织出版社有限公司出版发行
地址：北京市朝阳区百子湾东里 A407 号楼　邮政编码：100124
销售电话：010—67004422　传真：010—87155801
http://www.c-textilep.com
中国纺织出版社天猫旗舰店
官方微博 http://weibo.com/2119887771
北京虎彩文化传播有限公司印刷　各地新华书店经销
2024 年 7 月第 1 版第 1 次印刷
开本：787×1092　1/16　印张：11.5
字数：207 千字　定价：98.00 元

前　言

　　日语教学是我国高等教育外语教学的重要组成部分之一。近年来，随着我国改革开放的深入发展，引进外资步伐的加快，日资企业也大批涌入我国，随之而来的是社会对各类日语人才的需求量不断增加。为适应这一需要，各综合性高校掀起了试办日语专业的热潮，日语专业的学生人数迅速增加，就业竞争随之加剧，这无疑对日语人才培养在质量上提出了更高的要求。

　　日语教学是在不断变化和发展的，培养符合社会需要的高级日语人才日益紧迫，随着改革开放的不断深入，传统的教学模式和方法已经不能满足新时代日语教学的需求，新的教学模式也不能完全取代传统的教学模式。在实际教学过程中，要根据特定的教学环境选择合适的教学模式。在教学过程中，采用新时代教学模式，利用先进科学技术手段，能提高学生学习日语的积极性，同时也能不断提高教师的教学能力。本书集中反映了新时代日语教学改革与文化视角的新思考，提出了从文化视野下探讨日语教学改革的诸多观点，是探讨人才培养模式的重要尝试之一。

　　本书用简洁明了的文字对日语文化进行了明确、清晰的表述，以学科建设的理论性与实践性的紧密结合为原则，以语言学、文化语言学、教育学、跨文化交际学等为理论依据，用具有逻辑性的文字循序渐进地阐释日语教学理论与实践的相关知识，以求能够给进一步深入实践研究的读者提供可借鉴的资料。

　　本书在撰写的过程中，借鉴了部分专家、学者的一些研究成果和著述内容，笔者在此表示衷心的感谢。由于笔者水平有限，书中难免会有缺点和错误，恳请广大读者批评指正。

周　乔

2023 年 10 月

目　录

第一章
日语教学要素分析

第一节　日语学习者

一、影响语言习得的个人因素

（一）学习观

　　早在几千年前，我们的老祖宗就对学习的观念与理念进行了阐述。在我国最早的教育学经典《礼记·学记》中，开宗明义强调"玉不琢，不成器，人不学，不知道"，学习就是为了知"道"，"道"即做人之道、谋生之道、成器之道。在古人看来，学习最根本的意义就在于两个字：做人。"做人"是与"生活"区别开来的。"生活"的意义就是人为了"生存"在这个世界上而设法来维持自己的生命。"做人"则是要求人有更好的"生活"，要达到这个目的，就得"读书明理"。因为通过学习开发"智慧""智识"，就增加了"谋生"的"技术"和各种有利"谋生"的"智识"；明白了"道"之后，就能更好地处理人与人之间的关系，成为学习的贤者、智者。今天，有的学者认为，学习观指的就是人们对学习的看法或观点，任何人都有自己的学习观，不过有的人比较自觉，而有的人不那么自觉罢了。学习观制约着人的全部学习活动、学习目的和方向、学习过程和原则、学习方式方法以及学习效果等。学习观是时代的反映、教育的结果、学习实践的产物。不同的时代、不同的教育和个人学习实践的不同，就形成了不同的学习观。

（二）学习动机

　　"动机"源于拉丁文"movere"，是心理学研究的一个古老论题，这一词的正式出现是在 20 世纪 30 年代。在早期的动机研究中，许多心理学家吸收了哲学家的思想，产生了两个最重要的动机概念 —— 意志和本能。他们认为，心理由三个部分组成，即知（认知）、情（情绪）、意（动机）。它兴起于 20 世纪的行为主义，突出强调行为是对环境刺激的反应，因而有学者提出"驱力"概念来释义推动行为的内部状态。自 20 世纪六七十年代以来，人们对动机的研究逐渐从行为主义转向认知主义。近年来，众多的研究者将动机的概念引入教育领域，用学习动机来解释个体学习行为的发生与转变，并将学习动机视为与学习效率水平密不可分的心理现象和心理状态。由于它的多维性与复杂性，现代教育心理学赋予了学习动机更多的含义。国内外有关学习动机这个概念的定义可谓百花齐放。以下列举代表性的几个定义（表 1-1）。

表 1-1 国内外有代表性的学习动机概念

学习动机的定义	研究者
学习动机的两种理解：一是对学习动机的普遍理解，认为学习动机是激发并维持学习活动的基本动力，它强调的是动力的大小；二是从一个复杂的体系来理解学习动机，这个系统包含着一系列的子系统，如自我评价子系统、目标子系统、归因子系统、情感体验子系统等。学业自我概念、自我能力知觉、目标定向、归因、兴趣、考试焦虑等分别是隶属于这些子系统的变量	汪玲、郭德俊
学习需要与学习期待两个基本成分构成学习动机，前者为学习动机结构中的主导成分，后者指向学习需要的满足；两者协同作用，使学习活动得以发动、维持和完成	张景莹
学习动机指的是引起学生学习活动、维持学习活动，并指引学习活动趋向教师所设定的目标的心理倾向	莫雷
学习动机是在自我调节的作用下，个体使自身的内在要求（如本能需要、驱力等）与学习行为的外在诱因（目标、奖励等）相协调，从而形成激发、维持学习行为的动力因素	刘明娟等
学习动机就是激发个体进行学习活动，维持已引起的学习活动，并导致行为朝向一定的学习目标的一种内在过程或内部心理状态	李伯黍、燕国材
个体进行学习活动、维持已引起的学习活动，并致使个体的学习活动朝向一定的学习目标的一种内部启动机制	冯忠良
学习动机定义为一个动态的过程，从刺激个体产生学习欲望、维持学习行为、达到预计目标或受到其他因素影响而导致学习欲望减弱、最终终止学习行为等一系列环节	德尔涅伊（Dormyei）
学习动机定义为：寻求学习活动的意义并努力从这些活动中获得益处的倾向	A.B. 伍尔福克（A.B.Woolfolk）
学习动机是引起和维持个体的学习行为以满足学习需要的心理倾向	斯科洛 G.（Schraw G.）辛纳特拉 G.M.（Sinatra G.M.）

（三）学习策略

信息加工心理学创始人纽厄尔（Newell）、西蒙（Simon）、肖（Shaw）在 1958 年提出了人脑学习过程，它是利用符号的信息加工过程，这个过程就是"学习策略"。国内外的很多研究者在他们的基础上对学习策略作出了进一步的研究。杜菲（Duffy）认为，学习策略是内隐的学习规则系统。里格尼（Rigney）认为，学习策略指的是学生用于获取、保存与提取知识和作业的各种操作的程序。莫雷认为，学习策略指的是在学习过程中，学习者为达到有效学习的目的而采用的规则、方法、技巧及其调控方法的综合。陈琦、刘儒德认为，学习策略指的是学习者为提高学习的效果和效率，有目的、有意识地制订有关学习过程的复杂方案。

由此可见，人们在定义学习策略这个概念的时候，已经从局限于认知活动本身发展到了对认知的认知和对认知的调控。自 20 世纪中期以来，学习策略在概念、结构和模型、特点、发展过程、理论基础等方面的研究不断取得新进展。在学习策略分类方面，基于认知氛围可以有效支持认知活动的假设，丹瑟洛（Dansereau）等人提出了 MURDER 学习策略结构说，即将学习策略分为基本策略和支持策略。威尔伯特·麦基奇（Wilbert Mackeachie）等人认为，学习策略包括认知策略、元认知策略、资源管理策略。国内有研究者将学习策略分为四种，即元认知策略、认知策略、动机策略、社会策略。在学习策略特点方面，国内外的研究者取得了部分共识，比如学习策略的发展呈现阶段性特点；学习策略具有操作性和监控性、外显性和内隐性、主动性和迁移性；学习策略具有主动性、有效性、过程性和程序性等。国内对学习策略的研究起步较晚，受国外学习策略研究相关内容的影响，我国研究者在学习策略的界定、结构、发展特点等领域中有大量的研究成果，但研究对象多集中于中小学生，且仅关注具体学科的学习策略。随着学习策略研究的深化和我国高等教育实践的发展，大学生学习策略问题日益引起人们关注。李红英等采用问卷调查方法，对某高校 761 名大学生学习策略使用状况进行了分析。赵俊峰等通过问卷对某大学 393 份样本进行研究，分析了大学生学习策略的发展特点。胡燕等使用温斯特（Wenstein）等人在 1987 年编制的学习技能量表，对 3 所高校学生的学习策略进行研究，认为大学生学习策略在性别、专业上有不同的特点。整体上讲，我国大学生学习策略在研究数量和质量、研究方法和研究成果等科学性方面有待进一步优化。基于麦基奇等人的学习策略理论，笔者将学习策略分为三个部分，即认知策略、元认知策略、资源管理策略。认知策略指的是信息加工的策略，由复述策略、精细加工策略、组织策略组成；元认知策略指的是对信息加工过程实施调控的策略，元认知是个体关于自己学习或如何学习的知识，是对认知的认知，由计划策略、监控策略、调节策略组成；资源管理策略是为学习者提供帮助的策略，促使各种环境和条件对学习者的学习起辅助性作用，由时间管理策略、学习环境管理策略、努力策略、寻求支持策略组成。

二、日语学习者的特点

美国著名的语言教育家克拉申（Krashen）指出，理想的外语学习者指的是：

（1）学习者有强烈的学习动机；

（2）学习者充满信心；

（3）学习者没有过高或者过低的焦虑感；

（4）通过积极使用外语学习语言。

也就是说，想要让学习者学好日语，就要为他们提供心情舒畅、无焦虑感的学习环境，多进行语言交流习得外语，以减少学习的部分。

鲁宾（Rubin）进行了一系列有关"理想的日语学习者"的研究。鲁宾总结了7条理想的日语学习者的学习策略：

（1）积极使用推理、推论；

（2）心理上的抑制较少；

（3）对语言交流具有较高的积极性；

（4）注重语言形式；

（5）不讨厌语言练习；

（6）监控自己和他人所说的语言，从偏误中进行学习；

（7）注重语义的学习。

第二节　日语教师

一、日语教师的专业能力

（一）日语教师的智力

1. 日语教师的观察能力

日语教师观察学生的能力主要表现在三个方面：迅速而准确，细致而深入，全面而客观。观察迅速是指日语教师能够迅速及时地捕捉学生瞬间的表情和行为的细微变化，采取适宜的对应措施，适当调节教学内容，或稍作教学停顿，改变课堂教学气氛，及时吸引学生的注意，完成教学任务。观察准确是指日语教师要能透过现象看到事物的本质，了解学生的心理性格特点、思想、学习情况以及学生所处的学习环境等，在此基础上结合学生的细微表情、动作和语言的变化进行合理地分析、正确地判断，才能做出恰当的处理。观察细致是观察学生语言、行为、衣着和态度的细微变化，从而准确地掌握学生的思想状况。日语教师应该善于发现每个学生的亮点，因为教师对学生的评价有时会影响到学生的发展。观察深入是指日语教师要了解学生处于成长期，心理稳定性较弱，容易情绪波动，不能以一时一事的观察下结论。对学生的观察可以是课堂上，也可以是课下；可以是群体活动，也可以是个体活动。还要承认学生正处于成长发展阶段，需要对学生进行长时间的反复观察，才能做到深入观察。观察全面客观是指日语教师对学生的观察可以从不同角度进行：或智力水平，或身体素质，或性格气质，或家庭教养，或环境影响，等等。日语教师对学生的观察还要包括校内和校外，要了解他的同学、家长、其他任课教师，只有这样才有可能全面客观地认识学生。

2. 日语教师的思维能力

思维能力是指大脑对客观事物进行分析、综合、判断、推理和反映的能力。对日语教师思维能力的要求可概括为五性：思维的敏捷性、思维的广阔性、思维的深刻性、思维的条理性和思维的创造性。思维的敏捷性主要指日语教师从事智力活动的灵敏程度，它表现为日语教师对课堂或是其他教育活动中突然出现的情况要反应迅速，处理及时，能根据新情况迅速选择、确定自己的思维方向，从而使教育教学活动保持正常状态。思维的广阔性是指日语教师遇事要思路开阔，能从不同角度、不同方面、用不同方法及途径来思考和解决问题。思维的深刻性是指日语教师遇事能一眼看出问题的本质，不被表象迷惑。这一能力可以帮助日语教师将教材中抽象概括的规律性知识进行深度理解，深入浅出地传授给学生。思维的条理性是指日语教师讲述问题、处理事情时要思路清晰、有条不紊、连贯严密。这有助于日语教师在课堂教学、阅读提高等方面都能做到井然有序、事半功倍。思维的创造性是指日语教师传授知识、开启智慧必须根据学生的实际对知识进行创造性的加工，加以提炼概括，使之成为学生容易接受的东西。日语教师授课能力的高低主要取决于其创造性思维水平的高低。

3. 日语教师的想象能力

日语教师在教材理解、教学设计、课堂教学中都离不开想象力。想象力是人脑在感性形象基础上创造出新的形象的能力。日语教师的想象力一要丰富，二要合理，三要新颖。在解读日文诗歌、小说、散文时，利用想象和描绘，可以带领学生进入如诗如画的意境；在讲解日本历史、地理时可利用地图和形象化的描述，帮助学生在大脑中重现自然界的形象和历史上的生活情境。但是想象要合情合理、有根有据，不能脱离事实和学生实际。想象要新颖是指不仅依赖教科书中现成的资料，还可以利用互联网教学平台、漫画等学生喜闻乐见的素材，帮助他们理解枯燥抽象的知识，使他们的思维更加活跃。

4. 日语教师的记忆能力

记忆力是人脑储存、反映已有经验和知识信息的能力。具备良好的记忆力是教师职业的固有要求。日语教师的记忆力可以概括为准确、迅速、持久、系统、广阔。准确是记忆的前提。记忆一般有三个基本过程：识记、保存、回忆或再现。后两个过程都以第一个过程为基础，识记准确才能做到保存和回忆准确。首次识记的准确性对准确记忆意义重大。在信息化发展的时代，新知识层出不穷，日语词汇、日本社会文化的发展，对日语教师的记忆量、记忆速度也提出了新要求。生理心理学告诉我们，人对事物的识记和保持都不是永恒、一成不变的，人在记忆过程中由于新旧知识的干扰以及自身记忆功能的变化，遗忘或暂时性遗忘是存在的。因此，教师要不断学习，温故知新，克服遗忘，对专业知识努力保持持久记忆。关于记忆的"刺激—反映"理论强调人在记忆过程中首次接受的知识对人脑刺激越强烈，记忆的痕迹越深刻。但是，人脑对刺激的接受不全是被动消极的，能够长时记忆下来的东西有许多还是经过人脑思维对信息编码后，有序地储存在记忆中。了解人类的记忆特点，学习新知识时注意知识的系统性，做到系统记忆，对克服遗忘有重要作用。

（二）日语教师的审美能力

1. 感受美的能力

感受美的能力是指审美主体凭借自己的感觉器官，对审美对象进行感知、体验的能力。从审美角度而言，教材是审美客体，其中蕴含丰富的审美因素，日语教师只有具备感知美的能力，才能充分挖掘教材中美的内涵，从美学角度把课讲得更有深度，从而扩大学生的视野，使他们的求知欲更为强烈。

2. 鉴赏美的能力

鉴赏美就是审美，是指审美主体凭借自己的生活经验和艺术修养，对审美对象进行观赏、品味，并做出判断的能力。日语教师的审美判断力主要体现在对教材中美的形象、美的内涵做出准确的评价，帮助学生认识真善美，树立正确的审美观。

3. 表达美的能力

表达美的能力是指审美主体对于生活和艺术中领悟到的美进行再现、传达的能力。教师的职业特点决定了必须具备表达美、再现美和创造美的能力。日语教师表达美的方式多种多样，但必须结合课程特点和知识结构，将教材中的美的内涵生动形象地展示在学生面前，激发他们的学习兴趣。

（三）日语教师的表达能力

1. 日语教师的口语表达能力

日语教师的口语表达能力是指日语教师在教学活动中，运用口头语言讲解道理，连贯地、有条理地传达教材信息，启发学生积极思维的能力。日语教师的口语表达能力在日语课堂教学中起到引领示范作用，对于没有语言环境的日语语言教学来说，其作用更是显著。随着现代化教学手段引入课堂教学，虽然在一定程度上能改变传统课堂教学中单向的教学状况，但是现代化教学手段无论如何都不能取代师生间面对面的交流。优秀的日语教师要有语言学家的用词准确、教育家的逻辑严密、演说家的论证雄辩、艺术家的情感丰富。教师向学生传授的知识具有严格的科学性，只有用准确严密的语言表述，才能让学生正确理解知识，所以在课堂教学中日语教师更要注意自身语言的规范性和示范性。教材是用规范的书面语言表达严整的知识体系，有些语句语段内涵丰富，对于学生来说，直接阅读未必能够理解、记住。这就要求日语教师能把某些概括性强的语言表述得明确、具体、通俗，尽量用直观性强的语言，把内容描述得生动，借助幽默的讲解来增加讲授内容的形象性和鲜明性，让学生一听就懂，印象深刻，记忆持久。教师职业要求教师口语都要合乎语言规范，语言表达要条理清晰、逻辑严密、语意流畅贯通，明晰显豁。日语教师在运用语言的时候要细加斟酌、选择，以鼓励为主，批评的语言绝对不能伤害到学生的自尊心、上进心。日语教师除了要注重课堂教学使用的日语语言的语音、语调，同时要注意音量、语速、节奏，既要符合学生的日语水平，又要符合日语日常表达特点，能做到抑扬顿挫、疏密有致、刚柔并济，符合教材内容及所表现的男女老幼的特点。这就会使课堂教学深刻形象、生动引人。

2. 日语教师的体语表现能力

人们可以通过表情、体态和动作的变化传递信息，这种无声无字的交流就是"身体语言"。日语教师的体语主要通过眼睛、面部表情和动作姿势来表达。课堂教学中，日语教师运用身体语言时要注意：目光分配要合理、面部表情要适宜、动作姿势要恰当。目光分配合理是指教师要尽可能地关注到所有学生，学生透过教师的目光，会产生被吸引、想亲近、受敬重的情感体验，这有助于建立良好的师生关系。人们能够通过面部形态与色彩的变化，把某些难以或不宜用语言表达的微妙、复杂、深刻的思想感情，准确、精密地表露出来。学生在课堂上可以从教师面部表情上获得信息，以确定自己做出怎样的反应。因此，日语教师的面部表情要自然，表里如一；要适度，喜怒哀乐有控制；要温和，平易近人。这样有助于打开师生情感交流之门，降低学生对教师的恐惧心理。课堂教学中，日语教师处于学生注目的中心，一招一式、一举一动都具有鲜明的直观性，因此要多加注意。日语教师的动作、姿势主要是指手、手臂的动作和站立的姿势。课堂上，日语教师的手势动作不宜过多，要有助于传递微妙信息，激发学生想象，推动学生思考，加深学生情感体验，服从教学需要。因而，在使用动作时要准确，有分寸，不夸张，力度适当。

（四）日语教师的教育能力

日语教师的教育能力是指日语教师不依据特定教材，而是按照社会现在和未来的需要，教育培养新一代的能力。这是任何为人师者都必须具备的能力。

1. 全面了解学生的能力

全面了解学生的能力是指日语教师对教育对象的个性特征、心理素质、道德行为、学习能力以及身体状况等方面的具体把握能力。了解是教育的前提，只有从宏观到微观层面都了解学生，才能有的放矢地实施教育，从而收到理想的教育效果。

了解学生要做到了解学生整体和个体。

（1）了解学生的整体。

①要了解当代学生个性特征的显著变化，如独生子女与非独生子女的个性差异、城乡环境差异带来的学生差异等。

②要了解当代学生的道德意识、审美观与上代人的差异。

③要了解大学生思维状况的微妙变化，如电视、电脑对人的大脑右半球的刺激，促使他们视觉成像的右半脑日益发达，但大脑左半球有退化的倾向，从而带来厌学、不愿苦学的倾向。

④了解家庭和同伴对学生影响的差异。

（2）了解学生的个体。

①要了解学生的内心需求和爱好特长。

②要了解学生个体的学习表现及品行修养。

③要了解学生的学习能力和学习动因。

④要了解学生的心理素质。

2. 正确评价学生的能力

正确评价学生的能力是指日语教师在全面了解学生德智体美劳的前提下，按照一定标准，对学生做出客观的评价。对学生客观准确的评价是采取正确教育措施的基础和前提，因此准确公正地评价学生，是日语教师必须具备的教育能力之一。

日语教师在评价学生时要注意客观性和公正性，了解学生渴望正面评价的特殊心理，日语教师在评价学生时要克服如"第一印象决定一切"等心理偏见，准确把握好积极评价和消极评价的使用度，做到准确适宜、恰如其分。日语教师在评价时还要注意评价的激励作用，无论是评价内容还是评价语言都要注意其激励性价值，好的评语应该是哲理诗，言有尽而意无穷；应该是进行曲，振奋人心，催人向上；应该使人明理悟道；应该是箴言，促人警醒奋进。

3. 对学生进行生存教育的能力

生存教育是指为使学生适应社会环境的正常需要而进行的生存意识、生存能力的培养过程。学生的生存能力主要体现在三个方面：

①生理健康，并善于保护自己；

②心理健康，且善于和他人合作；

③道德健康，能处处与人为善。培养学生的生存能力是当代教育的重要内容之一。

对学生进行生存教育的能力是当代教师能力结构的重要组成部分。对学生进行生存教育时，教师首先要能培养学生的生存意识。对于缺少生活阅历的青年学生来说，他们对生存能力的重要性既无感性体验，又无理性认识。因此，这就要求日语教师能够通过正向事例、反向事例以及相关教育帮助学生明白，作为一个有较强生存能力的人要具备"五自"，即自尊、自知、自制、自治、自修，有了这"五自"，在人格上能高洁儒雅，在心理上能坦荡磊落，在品德上能傲岸独立，在体魄上能康健强壮。其次，日语教师还要在日常生活中培养学生的生存能力。第一是能对学生进行生存方法的指导，如指导学生如何保持健康的心理和乐观豁达的胸襟；在逆境中如何生存；平时如何与同学、家长、教师相处；如何强身健体预防疾病；如何加强个人思想修养、塑造优秀品质和健康人格等。第二是能及时帮助学生解决问题，帮助他们增强应对可能出现的挫折的心理调适能力。第三要能以身作则，对学生形成潜移默化的影响。

4. 指导学生与人交往的正面能力

交往是社会关系和人际关系的直接体现。学生的交往有横向和纵向之分，横向如同学、同龄人之间的交往，纵向的如师生交往、与父母长辈之间的交往等。教师在指导学生与人交往时，必须具备如下能力：首先，能使学生懂得文明交往可以有利于自我需求满足、有利于全面认识自我、有利于实现自我完善，增强学生交往的主动性，从而引导学生向自主交往发展。其次，要能帮助学生排除交往中"重视他人对自我的理解、忽视自我理解他人"的心理障碍，帮助学生体会营造相互理解、相互尊重的和谐、融洽交往氛围的重要性。再次，能为学生创设良好的交往情境，如在校内通过举办"主题班会"等学生活动，为以独生子女为主流的学生增加交往机会，增强交往意识，积累交往经验。最后，能指导学生掌握诚信正直、明辨是非、相互激励、共同进步的交往原则，培养学生健全的交往人格和品质。

5. 教师"身教"的能力

教师的身教能力是指教师在强烈的责任心和使命感的驱动下，凭借自身的品行、学识、人格以及仪表风度等方面的示范作用，进而去影响和教育学生的能力。教师"身教"的能力要求日语教师既能做到充满活力、热情、宽宏大量、谦卑，以人格的力量感染学生，又能重视个人专业素质的提高，不断更新知识结构，以学识的力量教育学生，同时需要教师身先士卒，能以行动的力量激励学生，这比空洞的说教更有效力。

二、日语教师的教学能力

（一）日语教师的教学设计能力

1. 掌握和运用课程标准（教学大纲）的能力

主要指日语教师能依据课程标准（教学大纲）确定教学目标，明确教学改革方向，厘清知识结构，把握教学重点。

2. 掌握和运用教材的能力

主要指日语教师能理解教材的特点，能分析教材的内涵，能把握教材的重点、难点和关键处，能理清教材的知识点。

3. 编写教案的能力

主要指教师能掌握编写教案的科学性、实用性、针对性、创建性原则，能正确表述教学目标，能把握教材重点、难点，能精巧设计教学过程，能熟悉教案基本格式。

（二）日语教师的教学实施能力

1. 因材施教的能力

因材施教是指从教育对象的实际出发，根据学生的不同特点，采取不同的方法，进行有的放矢的教育。日语教师的因材施教能力主要体现在：能定向导学，因人施教；能对不同类别的学生进行分层施教；能发展学生特长，培养拔尖人才。

2. 实现教学目标的能力

教学目标是教学任务的具体化指标，是师生双方在教学活动中所要达到的预期结果或者标准。教学目的针对教师而言，是对教师提出的要求，为教师的教学提出方向；教学目标针对学生而言，是针对学生提出要求，为学生的学习起导向作用。

日语教师实现教学目标的能力包括以下几点。

（1）能正确制订教学目标。在制订课时教学目标时应做到内容全面、层次分明、要求适度、具体可测。

（2）能恰当表述教学目标。日语教师要注意到表述教学目标的主体是教学活动的主体，即学生，还要注意表述教学目标时要突出目标的导向性、可操作性等特征。日语教师要做到：教学目标是教学内容的纲领性要点；教学目标是教学活动的指南性程序；教学目标是学生学习的激励性阶梯；教学目标是教学结果的评价性标准。

（3）能优化达标教学过程。教学过程的科学流程是"前提测评—认定目标—导学达标—达标测评"。

（4）能掌握教学评价的方式、标准。例如，引入形成性评价理论做课程达标和单元达标；引入达成性评价理论做课时级（用课堂观察、提问、练习、测试）达成评价和单元级（单元测试）达成评价。日语教师还必须熟悉"面向全体学生、促进学生全面发展"的教学质量评价标准。

3. 选择、运用教学方法的能力

（1）能掌握选择教学方法的标准。日语教师要做到能根据教学目标是知识信息方面的还是认知技能或情感态度方面来选择教学方法，也能够根据学生心理特点、知识基础来选择教学方法，还能够根据学科特点选择教学方法。

（2）能了解选择教学方法的程序。著名教育学家巴班斯基（Babanski）归纳出教师选择教学方法的一般程序：决定是选择由学生独立学习法，还是选择教师指导法；决定是选择再现法，还是选择探索法；决定是选择归纳法，还是演绎法；决定关于口述、直观法和

实际操作法如何结合的问题；决定关于选择检查和自我检查的方法问题；认真考虑各种方法相结合的不同方案。

（3）能使教法和学法相契合。日语教师的教法必须与学生的认知规律、思维规律相适应，与学生的学法相符合，从而逐步增强学生自学的能力。

4. 激发学生学习兴趣的能力

兴趣是人接触和认识某种事物的积极态度，是推动学习活动的内在动力。日语教师激发学生兴趣的能力主要包括：能以感情打动学生；能以新奇刺激学生的好奇心；能以演示吸引学生参与；能以调整教法帮助学生解除学习疲劳、注意力分散等问题。

5. 指导学生学习方法的能力

日语教师指导学生采取正确学习方法的能力主要包括：能示范引导，授之以学法；能依据教材，展示学法；能总结规律，揭示学法；能设计练习，巩固学法；能区别情况，指导学法。

6. 指导学生学习迁移的能力

在学习过程中，已经掌握的知识和技能对继续学习新知识、新技能会产生一定的影响，这种现象在心理学上称为迁移。迁移有正、负之分，对新知识、新技能的影响是积极的，起促进作用的就是正迁移；反之就是负迁移。

（三）日语教师组织课堂教学能力

1. 课堂教学开讲能力

"开讲"即课堂教学的开场白，也称"导入新课"，是课堂教学的起始环节。日语教师的"开讲"能力包括：开讲语言设计要言简意赅，具有针对性；开讲具有启发性；开讲要具有趣味性。

开讲设计的原则如下：要展示新旧知识的联系点；要向学生传递期待的信息；要为学生创造良好的学习心境。

2. 创设最佳教学情境的能力

教学情境是指教师进行教学活动时所处的特定氛围。最佳教学情境是指教师为完成教学任务而创造的人际（师生之间）关系融洽、教学气氛和谐、易于学生理解并掌握所学知识的特定环境。日语教师创设最佳教学情境的能力包括：能再现教材中的情境；能引导学生进入教材的情境；能启发学生想象教材的情境。

3. 教学设疑能力

设疑在教学中的实施形式就是提问。日语教师在课堂上巧妙地提出问题，对于激发学生思维，发展学生智力，发挥学生的主体作用，提高课堂教学效率，都具有重要意义。日语教师设疑时要做到以下几点。

（1）设疑要具有明确的目的性。必须紧扣教学目标，备课时要考虑好每个问题该不该问，在什么环节问，怎么问，难度多大，需要解决什么问题，培养什么能力等。

（2）设疑要具有启发性。过于直白的提问，答案过于简单，不能调动学生思维的积极性。设疑时可以预设矛盾对立问题，引发学生讨论，激发学生参与意识和积极思维的兴趣。

（3）设疑要具有针对性。既要针对教材实践，又要针对学生实际。

4. 教学举例能力

恰当的举例是一种教学艺术。日语教师的教学举例能力主要体现在选例、用例、讲例三个环节上。选例应该准确、典型，具有科学性；用例应该恰到好处且有针对性；讲例应该生动、形象，具有趣味性。

5. 设置学科作业能力

（1）能使作业设置更具有科学性，选题多少要适量，要有典型性、代表性；选题要难易适度，与班级学生的认知水平相适应。

（2）作业设置能体现层次性，既有模仿性的基础训练，又有独立性的单项练习题，还要有灵活的综合训练题和创造性的扩展训练题。让不同程度的学生都能有所得，体现出因材施教的原则。

（3）作业设置富有趣味性。

（4）作业设置能突出实践性，学生对自己动手动脑总结出来的规律、经验以及在实践中运用的新知识，记忆更深刻，理解更透彻。

（5）作业设置要注意实效性，不能盲目追求数量，更不可采取惩罚性作业。

6. 教学检测能力

检测是指对学生学习阶段性成果的检验、测试，也是对日语教师教学阶段性效果的验证和评估。日语教师教学检测能力包括以下几点。

（1）能设计测试蓝图。即根据教学大纲要求，在分析、掌握检测目标的前提下，将要测试的内容按照教学目标制定出一份双向细目表，作为命题工作的依据。双向细目表包括两个维度：一是教学目标；二是测试内容。教学目标维度对认知领域的目标又分为记忆、理解、应用、综合四个层次。

（2）能把握命题要领的能力。日语教师要明确各种题型的编写原则。

（3）能进行试卷讲评。

第三节 日语课堂

一、日语课堂教学的优化

（一）不断完善日语教学体系

在高校日语教学体系的创建中，需要将学生的综合实践能力作为培养的首要任务。这样，才能够符合企业和市场的用人需求，从而提高学生的就业率。在日语教学体系需要不断改革和完善的过程中，教学理念和教学目标也要随之改变。日语教师要大胆尝试和创新教学模式及教学方法。在实践过程中，日语教师要将理论与教学模式结合起来，从而形成新的教学体系，并不断提升教学质量及教学水平。教师在教学内容的编排和设计上需要注重日语基础知识的教学，帮助学生夯实日语语言基础，教会他们学习日语知识的方法。随着企业对日语人才需求的不断增加，高校陆续开设了日语语言专业选修课程。这些选修课程是学生根据自己的兴趣选择的。选修课的教学内容侧重培养学生的兴趣，在教学过程中注重向学生介绍和讲解日本文化特色。日语教师在传授语言知识的同时，应该围绕教学大纲和教学目标，构建合理的教学体系，从而有效地推动日语教学的发展。

（二）选用合理的教学材料资源

日语教师应该根据最新的教学理念、教材的内容，科学合理地选择教学材料资源。随着时代的发展，学生对知识的个性化需求也不断提高，日语教师在教学中需要增加与社会热点和学生实际生活有关的、新鲜、有趣的内容。同时，在互联网技术和电子设备普及的今天，日语教师应该在教学中大量地使用互联网教学方式，以图像、音频、视频等方式直观而生动地向学生讲授日语语言基础知识和日本文化，激发学生学习日语的兴趣。

（三）创设语言环境

语言环境在一定程度上会对语言学习的效果产生重要影响。语言环境是学生学习日语必不可少的条件，因此日语教师要积极地为学生创设语言环境。日语教师要先对学生进行日本文化的有效"输入"，然后在此基础上进行语言环境的创设。日语教师要结合学生的兴趣和生活实际，为他们创设真实的语言环境。此外，要注重培养学生的日语思维能力，让他们用日语思维去分析和解决问题。

（四）不断提高教师的整体素质

对于新时代的高校日语教师，需要认识到自身在教学中起到的关键作用。在教学过程中用正确的方式引导学生进行日语学习，营造良好的学习气氛，充分调动学生的积极性，让他们融入课堂。日语教师除对必要的语法和较难的问题用汉语解释外，应该最大限度地减少汉语的使用，避免因为汉语的思维模式影响学生的日语学习。因此，日语教师需要不断提高自身的专业知识和职业素养，深入研究日语这门语言，积极参加各种层次的教学交流和研修学习。

二、互联网日语课堂

（一）互联网日语课堂的特点

1. 创造性

互联网日语教学选定互联网的某一站点或校园网的某一资源库作为学生取舍的素材来源，而对素材的选择、组拼、融合、消化、转换则是学生发挥想象力和创造力来完成的。学生根据自己的喜好选择各自钟爱的素材，然后用自己的语言对其进行描述，查询自己感兴趣的相应素材，并对其进行匹配、补充、加工，再沿着自己理解的模型和思路形成各自的"作品"，最后用其他数字化的方式将自己的"作品"发送到教师的信箱中。教师则可以立即打开学生的电子邮件当场进行点评，并让学生以朗读、游戏或表演的方式深化所学的知识内容。在这个过程中，教师只担任导航员的角色，而学生则是真正的"船长"，独立地在网上"冲浪"，从而使每个学生的积极性和创造性都得到了充分的体现。

2. 认同性

互联网日语教学是一种以学生为主体、以教师为主导的全员参与的"双主"模式，事先没有固定的教材。在教师的引导下，每个学生都将教师精心挑选的素材个性化地加工成了一篇短小的课文。也就是说，学生利用网络环境和资源"编制"教材进行自学。毫无疑问，学生对自己成果的偏爱和认同是任何统编教材都无法比拟的。因此，互联网日语教学使学生对所学内容产生强烈的认同感，学习积极性和学习兴趣空前高涨。

3. 开放性

互联网是一个巨大无比的资源库，比起教师事先编制的课件和印刷好的课本，它具有全方位的开放性。首先，它的资料是动态的，处于实时更新的状态，它能够为学生提供最前沿、最流行的学习素材；其次，它的资料丰富多彩，涵盖了社会的方方面面，为师生双方提供了很大的选择余地，有利于培养学生自主学习的能力；最后，它的资料形象生动，图文并茂，很容易吸引学生的注意力和激发他们的学习兴趣。因此，互联网日语教学将教室扩大到有"信息海洋"之称的互联网上，使互联网成为学生学习日语的一个重要组成部分，形成一种真正意义上的开放性日语教学。

4. 形象性

目前，多媒体日语课堂往往是教师利用各种课件为学生提供逼真的视听环境，通过视觉和听觉的组合优势来提高教学效果，而互联网日语课堂则更加先进，它无须人为地创设一个多媒体环境，因为互联网本身就是一个真实的多媒体世界。学生进入自然真切的情境中学习日语，不但可以身临其境地体会到互联网世界的无穷魅力，而且可以马上将所学内容进行实践，学习效果自然事半功倍。因此，互联网日语课堂打破了虚拟视听环境和真实世界之间的壁垒，使学生的日语学习更加轻松愉快。

（二）互联网日语课堂的优势

1. 符合日语课程的本质要求

日语课程从本质上来说是一门技能训练和实践课，它强调学生要进行大量的语言技能强化训练和语言实践活动。建构主义认为，知识不是通过教师传授得到的，而是学生在一定的社会文化背景下（一定的情境），借助其他人（教师和学习伙伴）的帮助，利用必要的学习资源，通过意义建构方式获得的。因此，教师应借助以互联网为支撑的教学平台，创设符合教学内容的真实情境，让学生有内容可听、有话可说，使其语言能力在实践中得到锻炼提高。此外，学生在课外也可点击互联网上的日语电影、电视台播放的日语节目等，也可在互联网上与教师或日籍人士进行交流，从中获取大量的语言信息和实践机会。由此可见，互联网日语课堂这方面的独特功能也是传统教学替代不了的。

2. 互联网技术的优越性

互联网技术能够提供文字、声音、动静态图像一体化的界面，教师可灵活地切换教学中所需要展示的内容，这使得课堂教学内容变得更逼真、更充实、更具形象化和更具吸引力。互联网资源取之不尽、用之不竭，学生可以从互联网上查阅或下载与学习内容有关的资料，如文化背景知识、参考资料、图片等，也可利用互联网教学平台进行自主听、说训练，以提高听说能力。由此可见，互联网日语课堂所提供的信息量和多媒体效果是传统课堂无法办到的，也是无法比拟的。

3. 提供丰富的日语教学课件和网络系统

很多重点大学的日语教授和专家研制开发了丰富的日语教学课件和网络系统。就目前所推出的网络版多媒体教材和课件而言，它们博采众长、优势互补、各有特点，体现了先进的日语教学理念和教学理论，是优秀教学经验的集成。普通高校的学生能够从中得到最好的日语学习资源，接受最好的日语专家指导，享受到名牌大学的精品课程。这样，年轻教师经验不足、老教师退休可能带来的教学质量下降等问题便有望得到解决。

4. 解决教学中的实际问题

就多媒体教学课件和网络系统的功能而言，它们有利于解决因扩大招生所带来的教师短缺、大班上课的问题，如在教学课时十分有限的情况下，教师根本无法在课堂上顾及学生听说训练的时间和强度，致使学生听说技能难以提高。而听说方面的软件则可弥补这方面的缺陷，教师可布置和要求学生利用这些软件在课外进行"大运动量"的技能自我训练。

5. 体现"以人为本"的教学思想

互联网日语教学能体现"以人为本"的教学思想，有助于学生的个性化学习。互联网日语教学打破了传统日语课堂教学模式的时空界限，构建了一个无限开放的教学空间。学生不再受课堂教学时空的束缚，可以在任何时间、任何地点借助互联网进行自主学习，遇到语言难点还可反复学习，直到弄懂为止。学习的时间可长可短，由自己灵活掌握；学生还可根据自己的水平和实际情况自由选择不同级别和水平的学习内容，自己哪方面比较薄弱，学习时可有所侧重，既可训练听说、词汇语法，又可训练对课文的理解能力等。与此同时，学生还可通过测试软件提供的信息反馈，了解自己的学习效果和学习中存在的问题，以便及时调整学习进度、改进学习方法，确保如期达到学习目标，从而体现"因人而异，因材施教"的教学理念。

6. 促使教师更新教育观念

在传统的日语教学中，日语教师的角色是"传道、授业和解惑"，部分教师完全忽略了"以学生为主体、师生互动"的教学原则，而以互联网技术为支撑的日语教学模式打破了传统的日语课堂教学模式，使传统教师角色和教学模式受到冲击，教师的角色将从单纯的传授知识为主转变为以设计教学为主。这一变化要求教师要审时度势、要更新观念，树立适应形势和社会发展的外语教育观、知识观和人才观。教师的角色也将由原来的"教"转到"导"上来。教师不再是"权威的领导者",而是课堂教学活动的"设计者、指导者、合作者和帮助者"。互联网课堂教学模式的应用和教师角色的转换,反过来必将促使教师努力地学习新的教学理论、教学方法、网络技术等方面的知识,这对推动和促进我国日语专业的教学改革有着重要的作用。

第四节 日语教学过程

一、教学过程的本质与规律

(一)教学过程的本质

1. 教学过程是一种特殊的认识过程

教师引导学生对人类过去所总结的各种文化知识予以学习与掌握的过程就是教学过程。在教学过程中,教师的任务主要有两个,一个是引导学生循序渐进的学习,另一个则是引导学生将所学应用在认识活动中。学生是认识的主体,教材及其所包含的知识是认识的客体,学生可以从教材上获取大量的知识。学生要想获得必要的发展就需要掌握不同的知识,同时能将掌握的知识运用在各种认知活动中,并验证知识的准确性。

教学过程是特殊的,它与人类一般的认识过程有着不同的特点,主要表现为以下三点:第一,具有间接性特征。将人类过往形成的各类知识、经验看作一个让后代认识世界的中介。第二,具有引导性特征。教学过程必然要有着专业知识与丰富经验的教师的参与,在教师的引导下,学生才能从教学活动中收获更多的知识。第三,具有简捷性特征。教学就是学生不断认识世界的一条捷径,同时也是教师将原有的科学文化知识进行再生产传递给学生的过程。

教师必须把握好认识论的一般规律,同时应该对学生的认识特点予以清楚地把握,只有这样,教学过程的组织与实施才能顺利进行。

2. 教学过程是促进学生身心发展的过程

教学过程主要是按一定的学习任务和内容,依据认识论的规律和学生认识特点而组织、进行的逐步掌握和运用知识的活动过程,它本身不是学生的身心发展过程。两者有根本的区别，这是十分明确的。

一方面，教学要引导学生的发展，使人类的精神财富能顺利地转化为学生的身心发展，逐步提高发展水平，使学生在智、德、美、体等方面都得到一定的发展，并成为社会需要的优质人才；另一方面，教学又要遵循学生发展规律，适应学生发展的水平，并注意使教学走在学生发展的前面，激发学生在自身发展中的主动性、积极性，引导学生善于运用自己的智慧、能力、胆识与意志，创造性地进行学习，以最有效的方式促进学生的发展。现代教学应当是一种发展性教学，是能够有效促进学生发展的教学。

综上所述，教学过程是一种特殊的认识过程，也是一个促进学生身心发展的过程。在教学过程中，教师要有目的、有计划地引导学生能动地开展认识活动，自觉地调节自己的志趣和情感，循序渐进地掌握文化科学基础知识和基本技能，以促进学生智力、体力和社会主义品德、审美情趣的发展，并为学生世界观、人生观与价值观的形成奠定基础。

（二）教学过程的规律

1. 直接经验与间接经验相结合的规律

学生的认识方式有两种：一种是学生通过亲身实践获取，即直接经验；另一种是学生通过教学和交流获取他人认识成果，即间接经验。

（1）学生认识的主要任务是学习间接经验。依靠直接经验的方式认识客观世界，认识的速度极其缓慢。随着间接经验的积累，人类个体借助教学的形式，掌握间接经验认识客观世界，加速了个体认识的速度，同时也加速了人类总体认识的速度。借助间接经验认识世界，是人类个体认识的普遍规律，学生以学习间接经验为主是认识世界的一条捷径。第一，学生以间接经验或者以教科书作为认识的主要对象。教科书是对人类世代积累起来的科学知识加以选择编写而成的，学生可以通过循序渐进地学习教科书来认识世界。第二，学习的任务在于继承前人的成果，并不是要发现，而是解决迄今为止人们还没有解决的问题。所以，学生就可以沿着教师设计的正确的认识步骤和途径前进，使认识的指向始终集中在所要认识的事物的本质属性方面，避免了盲目摸索，从而能够简洁、迅速、高效率地进行学习。

（2）学习间接经验必须以学生个人的感性认识为基础。学生要把书本知识转化为自己容易理解的知识，转化为自己的认识，还必须有一定的感性认识作基础，使感性认识与理性认识相结合，再经过思维加工，学生才能深刻理解所学的书本知识。但事实也证明，缺乏必要的直接经验，学生学习书本知识就会遇到很大的困难。

（3）防止忽视系统知识传授或直接经验积累的偏向。重视书本知识传授，忽视实际活动，不仅学了无用，还严重阻碍学生智力和才能的发展。重视直接经验，忽视"书本"知识教学，让学生通过实践活动去探索、学习知识，不仅破坏了系统知识的传授，还费时费力，效率不高。

2. 掌握知识和思想教育相结合的规律

无论是哪一门学科知识，都具有思想政治教育的属性。不过，需要指出的是，不同学科知识所显露的思想政治教育内容是需要依靠教师去挖掘的，所以教师要充分考虑学科特点，将思想政治教育内容与学科知识相结合，从而使学生在学习专业知识的同时能更好地接受思想政治教育的熏陶。从这里其实可以看出，我们不能简单地将教学过程看作是教师向学生传授知识的过程，而是一个教师不断帮助学生塑造美好心灵的过程。教师在教学过程中可能会或多或少地加入自己的一些主观要素，但是这些主观要素并不会直接影响学生的世界观、人生观与价值观，而能对学生的世界观、人生观与价值观影响最大的应该是一些客观的因素。

教学具有明显的教育性特征，只要教师在教学过程中向学生传授知识，那么就意味着思想政治教育活动正在逐步开展。教育绝对不是一种简单的教师向学生传授知识的活动，传授知识只不过是教育的一种基础性目标，开展思想政治教育活动才是整个教育的关键与灵魂所在。学生的知识与思想品德素质之间是有着紧密联系的，是可以相互影响的，前者是后者提高的基础，后者能促进前者的掌握。因此，对于教师来说，他们应该明白这样一个道理，自己的任务是双重的，不仅要教书，而且还要育人。在教学过程中，许多教师很难平衡好这两大任务，以至于出现了两种错误的教学倾向：第一，有些教师过于重视知识传授，忽视思想政治教育，在他们看来，教材上的知识本身就具有明显的思想性特征，自己根本没有必要再额外地对学生进行思想政治教育；第二，有些教师过于重视思想政治教育而忽视知识传授，在他们看来，思想政治教育要比知识传授重要，这就导致他们的教学严重脱离了教材，具有了空泛说教的性质。因此，笔者认为，教师在教学过程中应该将知识传授与思想政治教育联系起来，将思想政治教育的内容寓于学科知识的传授中。

二、日语教学过程的特殊性

（一）基于认识的角度

1. 学生认识对象的特殊性

人类认识世界的过程是探索尚未发现的客观真理的过程。但在日语教学过程中，学生认识的对象主要体现在日语教科书或被规定的日语教学内容中，学生并不是直接去发现未知的日语。学生接受的是经过前人积累、整理或选择的日语教学内容，他们的学习以间接经验为主。可以在最短的时间内学到前人花费漫长岁月才能获得的日语知识和技能，这表明，学生是在间接地认识日语。

然而，现今的教学论更强调教学中直接经验的重要性，不仅掌握间接知识时需要直接经验，在发展智力、培养创造力时也非常需要直接经验。不过，在日语教学认识过程中，学生的直接经验，包括亲身观察、实践、体验等仍有其特殊性。一是这种直接经验从属于间接经验，是为更好地掌握间接经验而服务的；二是这种直接经验是少量的，以达成一定的教学目标为限，不是越多越好；三是这种直接经验是经过改造的，它不是生活中的原样，而是在经过精心设计和挑选的典型化、简约化语言情境中的体验。而且除了有日籍教师的学校，国内很难出现真正的日语环境，学生的认知体验多是在假设的模拟情景下进行的。

2. 学生认识条件的特殊性

学生学习日语的认识主要是在学校、课堂环境下，在有专业背景的日语教师指导下进行的。在日语教学过程中，教师的主导作用是必然和必要的，教师决定着教学的方向、内容、方法、进程、结果和质量。同时，日语教师把能利用的有利条件、合适的教学内容、科学的教学方法组成适合学生发展阶段和水平的教学模式，引导学生通过自己的实践逐渐完成日语学习任务。这样，就尽量避免或减少了学生认识日语的失误，使学生少走弯路。

在日语教学过程中，教师的指导与学生主体是辩证的统一，即学生主体是在教师主导下的主体，教师主导是对学生主体学习的主导。既不能片面强调教师权威，也不能放任学生主体盲目行事。教师讲授无疑是必要的，教师不讲，学生不懂，就不能发挥主动性和主体作用，也无法激发和锻炼学生的思维能力、注意力、想象力和情感，但只有教师传授这一种形式也不利于发挥学生的主动性。所以必须把教师的主导作用与学生的主体地位统一起来，运用多种形式想方设法地调动学生的积极性，激励他们开动脑筋去运用所学，形成外因通过内因而起作用的良性循环。

3. 学生认识任务的特殊性

在日语教学过程中，学生通过认识活动不仅能掌握日语知识和技能，还能发展智力和思维能力，从而形成科学的世界观和社会主义道德品质。因此，日语教学过程又是一个培养人的过程。这与成人认识一般事物的过程、科学家探索真理的过程是不一样的。日语教学过程中的各项活动会引起学生在生理和心理上十分复杂的变化。学生在这种变化中获得新知，形成新的技能或智力，同时接受某种观点、思想。这是教学具有教育性的客观规律，即认识作为一种反映，概括了认知、情感、意志、性格以及各种个性心理特征。思想教育或智力发展不是日语教学认识过程以外的东西，而是内在的，是伴随日语教学认识过程始终的。

（二）基于实践的角度

1. 实践目的的特殊性

日语教学过程中，言语实践是不可缺少的。要实际掌握日语，关键在应用，即将所学知识和技能在言语实践中反复运用，这样才能达到提高日语交际能力的目的。

2. 实践环境的特殊性

日语教学过程中的教师和学生的教学实践多限于学校、课堂这样特定的环境，不是在真正的日语环境中，而是教师根据教学任务事前设定的模拟环境。教师在这个模拟环境中对学生加以引导，以利于达到预期的教学目的。

3. 实践方式方法的特殊性

日语教学过程中，教师可以通过示范演示、角色扮演、小组讨论、调查报告等多种形式丰富学生的感性体验，还可以借助直观教具，如挂图、卡片、实物、录像、PPT 等，让学生感知新事物。根据教学目的，教师对日语学习任务精心设计、周密安排，使言语实践活动丰富多彩。教师在实践活动中展示自己的人格魅力，从而影响和促进学生成长。

三、日语教学过程的最优化处理

要做到日语教学过程最优化，就要依据开展教学活动的一般方法论。日语教师必须在清楚教学活动的整体及具体阶段的目的的前提下选择教学方法；依据教学活动的规律、原则、具体目的、内容和形式及其运用于类似情景的经验来确定组织、激发和检查活动的方法；还要拟定展开教学活动时运用各种形式和方法的顺序，形成最优组合。以下即从六个步骤对日语教学过程的最优化加以分析。

（一）教师领会教学任务

日语教学活动往往设置为不同的教学任务，教师要在领会整体要求的前提下，明确当前任务在全部教学活动中的地位；通过研究学生及所在集体的可能性、校内外环境对学生的影响、教学的物质条件和教师自身的可能性，收集使任务具体化的相关信息；要厘清本次教学任务与整体的关系，查明可以利用或依靠的优点，在实际教学中尽量发挥好的一面，防止不利方面的发展；思考如何调动每个学生的最大可能性使学生掌握本次任务中所包含的日语知识和技能，包括智力的、意志的、情绪的，还有生活经验、品德修养、学习动机、兴趣爱好、生活目标或需求等。

（二）选择完成既定任务的优先标准

根据当前任务的特点，把现行教学大纲或课程标准中关于日语知识、技能等的评定标准进一步具体化；选择能判断师生用于该教学任务的时间是否合理的标准。

（三）选择最佳手段和计划

日语教师要分析该任务，明确任务内容对教学形式和方法的要求，确定能最全面、最深刻地展示该教学过程所需的综合性教学手段；充分了解与该任务相关的教学法建议，如教师教学用书中提出的教学建议，考虑这些建议的优缺点和在本班实施的可能性，使教学方法具体化；查询并把握以往类似条件下解决教学任务的先进经验，分析自己过去解决类似任务时的经验。综合上述信息，选出最合理的教学形式和方法。比如，依据学生的实际情况，初级阶段多采用较直观的教学形式和方法，高级阶段适当采用抽象的教学形式和方法。教师要按最恰当的顺序分配该活动各部分所需时间，选择解决该教学任务的最优活动速度。

此外，教师还要把以上分析和思考以课时计划或教学计划的形式加以提炼，使教学任务完成的全过程清晰地呈现出来。

（四）改善教学条件

为了教学过程的最优化，日语教师要为解决教学任务做好理论和实践上的准备，尽可能为完成教学任务改善教学物质条件和学校卫生条件，如制作直观教具、准备技术设施、改善课堂光线和温度、减少嘈杂等；还要尽可能地改善完成教学任务的精神、心理条件，如事先让学习较为吃力的学生对学习和完成该任务有所准备，为这些学生创设成功的机会，在他们取得初步成绩的时候及时予以奖励。教师要在处理班级中的学生冲突、师生矛盾、家长与学生的矛盾等方面有所作为。

（五）实施教学计划

进入实施教学计划的阶段，日语教师要调动学生努力完成教学任务的积极性，并按照既定计划的工作顺序组织教学活动；要以当时条件下最快速度开展该项教学活动，千方百计地激励学生积极独立地完成教学任务；同时，在进程中随机应变地对活动顺序、活动速度做出必要的修正。

（六）回顾与反思

该教学活动实施后，回顾全程并加以反思也是日语教学过程可持续最优化的重要方法。主要确认以下几点。

（1）是否以尽可能大的效果和尽可能高的质量完成了该项日语教学任务，班集体和每个学生是否达到了教师预定的日语学业成绩和发展水平。

（2）在达到预期效果和水平的情况下，是否超过了师生课内外活动的预设时间。

（3）如果日语教学任务的某些方面没有达到最优，其原因是什么。

（4）归纳能基本保证最好地完成日语教学任务的因素，积累日语教学过程最优化的经验，将它们记录在教学法研究资料中。

上述各步骤的全部工作呈现出一个在具体条件下实现教学过程最优化的完整程序。在这样的实际工作中，教师需要熟悉教学大纲或课程标准的要求，认识日语学科的性质，掌握开展教学活动的方式方法，还要熟悉日语教科书的内容，每节课要掌握的知识、技能，蕴含的教育意义等。当然，教科书是基本的教学资源，但它不能随时修改，且无法反映最新的时代状况，也无法完全适应各地区或学校的实际情况。因此，教师要根据学生的认知规律，按照系统性、连贯性、科学性和可接受性，以及教学与实际相结合、理论联系实际等原则，论证展开教学的合理性，根据需要对教科书编排的内容进行取舍，同时确定需要什么课型和作业，哪些内容可以放在课外让学生自学，哪些学过的内容还需要复习等。

第二章
日语教学的基础理论

第一节　日语教学的科学内涵

一、日语教学与日语教学法

日语教学和其他教学活动一样，是一种有目的、有组织、有计划的活动。学生在教师指导下从假名开始学习日语知识，逐步掌握听、说、读、写等日语技能，这是个极其复杂的发展过程，这个发展过程具有客观规律。日语教学法就是研究日语教与学的过程及其规律的科学。

日语教学法这一概念包括以下要素：日语、日语教学、日语教学法。日语是指日本民族使用的语言以及与语言交际息息相关的社会文化知识。

日语教学是关于日语语言知识与技能的教与学的活动，具体指教师指导学生学习日语语言文化知识，掌握日语听、说、读、写等能力以及汉日语言互译能力、跨文化交际能力，同时帮助学生获得一定的身心发展，并形成一定的思想品德的活动。学校的日语教学通常是在一定的教学目标指引下，按照既定的教学计划和大纲，采用符合教学目标和教学对象实际的教科书，在具有日语教学技能、日语知识和日语能力的教师的具体指导下，针对特定的教学对象实施的活动。

日语教学法还是研究日语（作为外语）教学理论和实践的科学。日语教学法不仅研究日语教学的基本理论，还研究日语教学的具体方法，如讲授法、翻译法、演绎法、练习法等，更要研究针对不同国别、不同年龄段、不同固有知识水平的教学对象开展教学时需要采取的方法和策略。因此，日语教学法既是研究理论的科学，也是师生围绕日语知识与技能展开的教与学的实践活动。

二、日语教学法的学科属性和体系

（一）日语教学法的学科属性

关于日语教学法的学科属性历来有所争论，有观点认为日语学科教学论是外语学科教学论中的一个组成部分。外语学科教学论是教育科学的一个分支，因为它的研究对象是教师、学生、教材、课程、评价等外语教学中教育和教养过程的一般规律，所以日语教学法的学科体系也应该从属于教育科学。还有观点认为，日语教学法是从属于语言学的，是日语应用语言学的一个分支，因为指导学生掌握日语语言知识和言语技能是日语教学法研究的根本任务，所以日语教学法的研究离不开日语语言知识和语言文化背景，因此日语教学法是日语语言学理论在教学中的实际应用。

日语教学法是一门涉及多学科的边缘性科学，与英语教学法、俄语教学法等同属外语分科教学法，是普通外语教学法的一个分支。普通外语教学法探讨各科外语教学的普遍规律，它来源于各分科外语教学法，也指导各科外语教学法。日语教学法既是一个科学概念，又是高等师范院校日语教育专业的必修课程，是一个课程名称。

（二）日语教学法的体系

日语教学法的体系组成有两种含义，一是指它的广义内涵，又称为亚体系。二是指它的狭义内涵，即教学法所包含的内容。

从广义角度看，日语教学法的亚体系由基本理论、基本知识、基本实践、基本操作、专业思想组成。

1. 基本理论

基本理论包括一般语言观、心理观、教育观以及相应的规律、模式、原理，如语言知识和言语技能的统一、智力因素和非智力因素的统一、教学和教育的统一等。基本理论也包括具体的日语教学观点、原则、路子，如听说读写并举，语音、语法、词汇综合，学习和习得结合等。

2. 基本知识

基本知识是基本理论的应用，包括各个方面的教学方法、方式，各种类型的教学手段、技术的运用和使用，以及有关的道理和说明等。具体的语言知识教学法、言语技能教学法、课外活动组织法、现代化教育技术手段使用法，以及强化性和艺术性教学法等，都属于基本知识之列。当然，基本知识和基本理论的划分是相对的。

3. 基本实践

基本实践是指初步把日语教学法基本知识和基本理论应用于教学实践的尝试中。这种实践带有训练性质。但是在基本实践中，实践者也要努力发挥创造性。基本实践的主要形式是教育实习、见习、评议会、讨论会等，包括听课、备课、写教案、上课、批改作业、辅导、家庭访问、指导课外活动等一系列的教学实践。从而通过实践形成能力。

4. 基本操作

基本操作是指日语教学中的技艺性或技术性的活动。如板书和黑板使用的整体设计，简笔画的画法和构思，各种电化教具的使用方法和操作技巧、在线课程指导等。这些都是日语教师的基本功，也是本学科的组成部分。

5. 专业思想

发自内心希望自己能成为一名合格的日语教师专业思想是学习和研究日语教学法学科的出发点和归宿。本学科的广度、深度、难度，学科教师和发展所需要的思想修养、文化修养、逻辑修养等，都会促进日语教育研究者、工作者对之产生兴趣，进而转化为对日语教学工作的兴趣，这也会促进专业思想的树立和巩固。

教学是创造，教学法学科的发展也是创造。抓住创造，教学法学科的基本问题就容易解决。学习教学法就是学习创造，研究教学法就是发挥创造性，创造就有价值，这是教学法学科发展的原动力。

从狭义角度看，日语教学法的组成成分主要分为两大部分：教学思想和课程设计。课程设计可分为教学目的、教学内容、教学流程、教学方法四个部分。教学思想是课程设计的指导思想和原则，课程设计是教学思想的体现。不同教学法体系首先表现在教学思想上，从而也体现在课程设计上。

教学思想是对语言特性及其社会功能、对语言掌握、对母语和日语掌握过程的异同等的认识以及组织教学过程的原则。

教学目的是指确定课程的教学目的。教学内容兼指教学内容范围、选择标准、量时比及组合教学内容的体系和原则、编排顺序等的设计。教学流程指整个教学过程组织的设计，如课程整体安排，教学阶段的划分和衔接，课型和分工，课内教学和课外教学的配合与分工等的原则。教学方法指课内外教学基本模式的设计。

三、日语教学法研究的对象和任务

日语教学法主要研究"为什么教（学）？教（学）什么？怎么教（学）？教（学）得

怎么样？"等问题，归根结底是教学的基本过程。

教学过程是一个系统，首先体现的是由教师到学生的"人—人系统"，它是由教师、学生、教学目的及教材、教学方法等要素构成的。教学的培养目标决定着课程的设置、教科书的选择和教学评价的方法、标准等，这与教育学、心理学密切联系。

教学的具体内容是日语语言和日本文化，这与日语语言文化密不可分。教学过程中会应用到教学设备、现代教学技术手段，涉及教学方法与策略。这些都是日语教学法要研究的重要课题。归纳起来，日语教学法的研究对象主要包括下列几个方面。

（一）日语教学的意义

属于这方面应研究的问题有：第一，学习日语对于个人发展和国家建设的意义。第二，学制与学时。在哪一类学校、哪一个年级开设日语、学时多少。第三，日语教学的教育、教养、实用目的及其相互关系，日语教学在实用方面的总目的和各年级的教学目标与要求。第四，各级教育部门有关日语教学的规定。

（二）日语教学的内容

这方面主要是研究教学内容。国家颁布的各层级教学规定了内容范围。教科书根据大纲的要求按照一定顺序编排、选择具体内容，因此研究"教什么和学什么"的实质是研究教科书问题，如编写和选用教科书的原则、分析教科书的结构和体系等。

（三）日语教学的方法

教学是师生的双边活动，要研究"如何教"必须先研究"如何学"。

属于如何学的问题包括：第一，学生在日语教学中的地位。第二，学生学习日语的心理过程。第三，从学习者角度看决定日语学习质量的诸多因素，如学习态度、学习兴趣、学习动机、学习外语的适合性（素质）等。

属于如何教的问题包括：第一，日语教学法的理论基础。第二，各种外语教学法流派的理论和实践。第三，适合我国日语教学的理论、原则以及与此相应的日语语音、语法、词汇基础知识教学和听说读写基本技巧的训练方法。第四，日语课堂教学和成绩考核。第五，现代教育新技术，除传统的录音、录像、广播、电视外，最新的网络媒体对日语教学的影响等。

（四）影响和制约日语教学的因素

任何教学过程都是具体的，在一定的时空范围内开展的，有制约它的诸多要素存在。

例如，教学行政管理、教育政策、教师能力素质、教育评价机制等。要解决"为什么教"、"教什么"和"怎样教"的问题时，可以利用相邻科学的研究成果和理论，但是不能抽象、机械地引用，因为这些相邻科学的任务需要回答的问题与日语教学法不同。

教育学的任务是探索一般的教育教学规律，心理学研究人们一般的心理规律和接受一般教育、教学时的心理规律，语言学研究语言本质、人们习得语言和运用语言的一般规律，这些理论十分有助于日语教学法的研究，但是它们不能直接、具体地回答日语教学过程中的诸多问题。不断地回答、解决日语教学过程中出现的新问题是日语教学法研究的根本任务。

四、日语教学法的研究途径和方法

（一）日语教学的研究途径

1. 以史为鉴

日语作为外语教学在我国已有百余年的历史。自 1896 年清政府在北京同文馆内设立了东文馆（日文馆）起，中国就开始把日语作为外语纳入教育领域。可以说，日语教学在我国起源于近代，发展于改革开放以后。作为外语教学的一个分支，日语教学法研究受到以英语教学法为主体的外语教学法的影响。

从外语教学法发展历程来看，我国的日语教学先后经历了翻译法（语法翻译法、词汇翻译法、翻译比较法）、直接法、自觉对比法、口语法、视听法、认知法、自觉实践法、功能法等发展阶段和过程。每一种教学方法都有其合理性和不足之处，继承和借鉴已有的教学法，古为今用，洋为中用，取其精华，对丰富和发展日语教学法有现实意义。

2. 吸收兼容

与日语教学法相关联的其他学科不断发展，取得新的成果，其中必有能够为我所用的学科理论可以与日语教学实践相结合，指导教学实践，这也是丰富日语教学法的理论宝库。

3. 借鉴国外

20 世纪 60 年代日本经济崛起，日本成为世界经济强国，强大的经济实力也促进了日本的国际化发展，经济腾飞与生存压力、少子化等社会问题的产生也促使日本政府以及民间团体纷纷采取措施，大量吸收海外留学生，间接地促进了日本本土的日语教育者研究对外日语教学法。半个世纪过去了，这些来自日本本土的对外日语教学理论为我国日语教学提供了很多可供借鉴的经验。

（二）日语教学法的研究方法

1. 研究课题分类

日语教学法的研究课题，按照性质和作用可以分为两大类。第一类是理论性的，其表现形式为专题论文和专著。第二类是实用性的，其表现形式是各种教学文件和资料，包括教学大纲、教材、考题、工具书、参考书等。

2. 研究方法分类

社会科学的一般研究方法有：观察、文献分析、面谈、问卷、测试、总结、实践和实验等。

（1）历史文献法。又称为历史法和文献法，就是研读国内外各个历史时期关于针对中国人开展日语教学的论述、专题论文、专著，分析、整理、研究各个时期的教学大纲、教材、考题等，从阅读文献入手，以历史的、发展的、批判的眼光探索日语教学理论与实践规律的研究方法。

（2）观察调查法。这是通过对教学现场的观察和调查取得有关资料进行研究的教学方法。观察的对象可以是教师本人，通过微课教学设备录制实验课全过程，课后进行观察。观察的对象也可以是他人的现场教学，从而获得一手的观察资料和数据，然后开展调查。调查旨在取得难以直接观察到的资料，如为了评价贯彻某个大纲、使用某部教科书、采用某种教学方法的实践效果，除观察教学现场之外，同时组织各种调查。观察调查法主要包括教学现场观察、专门组织的调查测试、学生的作业或试卷调查分析、就某一专题问卷调查、谈话调查等。观察和调查的资料与数据要进行归类整理和分析，综合研究后才能得出结论。

（3）实验法。这是一种通过教学实践验证原有假设或理论的方法。按实验目的，又可分为试证法和实验法。试证法旨在通过教学实践验证实验前提出的假设。通常用于探索性研究。一般情况是：研究者在阅读文献或在教学实践中得到某些启发，形成某种设想或假设，然后组织试证教学，以期验证自己的假设是否科学，是否可行。实验法旨在通过教学实践，验证前人或他人的某种理论是否有效和可行。并且通常用于评论性研究。在许多情况下，在验证前人或他人理论时，研究者往往加上自己实施这一理论的一些补充设想。这样的实验，就兼有试证的性质。在现实的教学实验中，采用纯粹实验法较少，而采用兼有试证性质又有实验性质的实验法较多。

（4）比较分析法。随着日本经济高度增长期的到来，经济发展需求与"少子化"产生的劳动力不足发生矛盾，日本自20世纪80年代以来，高度重视海外留学生的招收和教育，对日语非母语的学习者日语教育问题研究水平高，成果丰硕。这些日语非母语的学习者或者是以英语为母语，或者是以其他语言为母语，不同母语文化对日语教育教学的研究有不同的影响，所以结论也不相同。当直接借鉴在日本针对中国学生开展的日语教育研究成果时，由于中国、日本两个国家不同教学环境存在差异，所以可以采取比较分析的方法，研究不同文化背景、不同语言教学环境下的教学法理论和方法。同为外语教学法学科体系的英语教学、俄语教学的理论及方法也有助于丰富和发展日语教学法的理论，指导日语教学实践。在比较法上可以采取纵向比较（如针对不同国别学习者日语教学法比较）、横向比较（如英语教学法与日语教学法的比较；实验组与对照组比较）、同类比较（如在中国的日语学习者和在日本的中国人日语学习者的日语教学比较）、相异比较（如男、女日语教学法比较）、定性与定量比较（如影响日语教学的因素与影响值）等方法。

（5）经验总结法。日语教学是实践的过程，教学经验来源于教学实践，只有认真地、科学地总结经验，并上升到理论高度，才能在更广泛的范畴内指导教学实践活动。总结经验需要我们具有明确的科学研究意识，选准研究课题与对象，把握方针政策，掌握国内外研究现状，制定研究计划，收集具体事实，在此基础上进行分析和综合，并广泛论证，总结成果。

3. 研究工作的一般步骤

（1）准备阶段。这个阶段有两项主要工作：准备研究条件和拟定研究计划。

准备研究条件包括：收集文献资料（文献分析法）；确定需要观察的班级及需要调查和收集的资料；编写调查测试用的考题、问卷；选定各项活动的对象（观察调查法）；准备实验用品（实验法）。

研究计划内容包括：研究课题；研究的目的和意义；研究内容的提纲初稿；工作进程；各阶段完成日期。

准备条件和拟定计划这两项工作常常交叉进行。例如，要准备文献资料，先要取得课题，而要取得课题，又往往需要准备必要的条件。

（2）计划实施阶段。准备工作基本就绪，开始按计划开展研究活动：阅读文献、观察调查、实验。在这一阶段必须做好文献摘录及各种资料的记录、收集、整理、分类等工作。

（3）分析判断阶段。资料收集齐全、实验完成，就要对取得的各种资料从定量到定性两方面进行统计、分析、归纳、判断，得出有规律性的、有说服力的或者有启迪性的结论，最后形成观点。

（4）表述阶段。有了资料，有了观点，就可以正式构思论文的结构和内容，把研究活动的结构用文字表达出来，写出言之有物、立论有据、有观点、有材料的论文。在实践研究工作中，后几个阶段的活动也有可能有交叉。例如，在分析判断阶段，甚至在表述阶段，可能发现某些资料不足，因而需要再次收集资料，在对资料进行整理和分类时，就可能需要进行初步的归纳和判断。所以，上述工作步骤只能是一般的划分。

第二节　日语教学的理论基础

一、日语教学法与教育学

教育学要求把日语教学作为整个教育活动的一个组成部分，促使学生全面发展，日语教学既是教育的目的，又是教育的手段。教育学所阐明的原理、原则对整个学校教育、对学校的各门课程都有指导作用。

教学论也称普通教学法，是教育学的一个重要组成部分或分支，它专门研究教学过程及其规律。教学论和学科教学法，包括外语教学法中的日语教学法，既有密切联系，又有区别。教学论研究学校各门课程的一般教学过程和规律，它所论述的教学原理、原则及教学方法是从各门学科教学法大量材料中分析、概括、提炼出来的，对各门学科的教学都有指导意义。而学科教学论在研究学科教学理论的同时，一方面要以教学论所阐述的原理和原则为指导；另一方面又以自己的研究成果充实和丰富教学论理论。教学论是教育科学中与日语教学法有直接关系的科学。

二、日语教学法与心理学

心理学是研究人们的心理过程，研究人们的思维、记忆、想象、意志等心理过程及其规律的科学。人的心理就是脑的特征，生理是心理的基础。教学活动是师生的共同活动，教学的成败取决于师生双方的积极性。学习的过程是认知的过程，与心理活动密不可分。为把教学组织得合理并卓有成效，必须关注教学实施者的教师心理和作为教学主体的学生心理，了解他们的一般生理和心理特点，掌握师生在教学过程中的心理规律、智力因素、非智力因素和个性因素的和谐作用。行为主义心理学和认知心理学的基本规律是指导日语技能训练和日语学习能力培养的重要依据。心理学可以指导教师和学生在教学过程中找到动机、自尊、自信、自觉性、自主感、记忆技巧及规律等。

教育心理学是研究学生在教育影响下形成的道德和品质、掌握知识和技能、发展智力和个性的心理规律，是与口语教学法紧密相邻的学科。教育心理学关于学习动机、兴趣、学习知觉、表象、思维的相互作用的研究，关于掌握知识和技能的心理规律的研究等，都与日语教学法有着直接的关系。

心理语言学或语言心理学研究人们习得、学习和使用语言的心理规律，主要侧重于母语和第二语言的习得和学习等的心理规律，关注不同年龄、母语水平、学习环境和学习动因、学习内容对第二语言学习的影响，心理语言学的研究成果有助于日语教学法建立新的理论，对教学实践有指导作用。

三、日语教学法与语言学

语言是交际的最重要的工具。学习语言不仅要注意它的物质结构，还要注重其交际功能。任何外语课程的最终目标都是要使学生利用所掌握的语言知识达到交际的目的。语言是思维的外壳，母语水平是思维能力的重要反映，母语思维习惯对外语思维习惯的养成具有干扰作用。所以，语言和言语是不同的概念。

语言是音义结合的词汇和语法的体系，言语是在特定的语境中为完成特定任务时对语言的使用。语言和言语相互依存。语言的社会功能只有表现为言语时才能体现。言语要以语言为基础，不能脱离语言规则。语言是体系，言语是行为。

语言和言语的关系表明，外语教学的最终目的应该是培养言语能力或交际能力，外语教学的内容不仅指语言知识，也指听说读写行为，教学方法不仅要根据学习语言知识的需要进行设计，更要根据培养听说读写的能力需要进行设计。

四、日语教学法与社会学

语言与社会的关系是辨证的，他们存在着错综复杂的关系。社会的本质是人和组织形式：人，确定了社会的规模和活动状态；组织形式，决定了社会的性质。语言是一种社会现象，是人类区别于动物的重要标志，是人与人交际的工具，也是使人与文化融为一体的媒介，它随着人类的形成而形成，也随着人类社会的发展而发展、变化而变化。

文化也是一种社会现象和社会精神力量，是人们通过长期的社会实践所创造和形成的产物，是社会历史的积淀物。人类用语言创造了文化，文化又反过来影响了人类，促使人类走向更大的进步。

自古以来人类社会积聚下来的文化遗产给语言留下了深刻的烙印，人类的语言是人类社会文化中的语言，它与人类社会、人类的文化有着密切的关系。社会学理论是社会学家思想的结晶。从孔德的实证主义到吉登斯的结构化理论，从严复的《群学肄言》到孙立平的《断裂》三部曲，社会学理论的发展走过了近200年的历史。在这200年中，众多社会学家留下了各式各样的思想，其中有些还形成独特的门派。这些思想被后人编撰，形成了社会学理论。

社会学的功能论、冲突论、过程论、符号互动论、批判论和结构化理论以及产生自80年代之后的新功能主义、沟通行动理论、结构化理论、实践社会学理论、理性选择理论、互动仪式链、后现代主义等当代社会学理论，有助于我们正确认识和准确理解各国家的社会结构、性质；有助于我们了解该国家的社会现象，即语言和文化。因此，在日语教学过程中，社会学的理论对语言教学以及语言文化教学有重要指导意义。

此外，社会学要求教学集体的和谐、师生和谐、学生间和谐、教师间和谐、教师与学生家长的和谐、学生和家长的和谐。这些和谐是指心理上、认识上、情感上、行动上的和谐统一，而和谐理论是学校教育、语言交际、语言学习理论的基础理论之一。

五、日语教学法与现代教育技术

教育技术是指对学习过程和学习资源进行设计、开发、运用、管理和评价的理论与实践。教育技术的研究对象是学习过程和学习资源。

在《教育技术手册》一书中把教育技术分为更加具体的且不可分割的三个部分：①硬件，指技术设备和相应的教学系统；②指软件，指由硬件实施而设计的教材；③指潜件，指理论构想和相关学科的研究成果。可以看出，教育技术有三个基本的属性。

（1）教育技术是应用系统方法来分析和解决日语学习问题的过程，其宗旨是追求教育的最优化。

（2）教育技术分为有形技术和无形技术两大类。有形技术是指利用自然科学、工程技术学的成果，把物化形态的技术应用于日语教育，借以提高教学效率的技术，它包括从黑板、粉笔等传统的教具到多媒体、计算机及网络等一切可以利用于教育的器材、设施、设备等及相应的软件；无形技术主要指利用教育学、心理学、系统科学、传播学等方面的成果以优化教育过程的技术。

（3）教育技术依靠开发、利用所有的学习资源来达到自己的目的。学习资源分为人员、材料、设备、技术和环境，这些资源主要来自两个方面：一个方面是专门为日语学习的目的而设计出来的资源，如教师、课本、计算机课件、投影机、教室、操场等；另一个方面是现实世界中原有的可被利用的资源，如报刊、展览、影视、生产现场、竞赛等

现代教育技术是把现代教育理论应用于日语教育、教学实践的现代教育手段和方法的体系。包括以下三个方面：

（1）日语教育教学中应用的现代技术手段，即现代教育媒体。

（2）运用现代教育媒体进行日语教育、教学活动的方法，即媒体教学法。

（3）优化日语教育、教学过程的系统方法，即教学设计。

随着网络的普及，微课、慕课、翻转课堂、在线学习等已经逐步出现在日语教学活动中，并且现代教育技术对日语教学的影响作用也越来越不容忽视。

第三节　日语教学遵循的原则

一、以提高学生综合素质为目标

人的素质是指人所具有的从事某种活动的生理、心理条件或身心发展水平。其中包括人的先天禀赋和被内化了的后天教育、影响等因素。人的素质可分为个体（个人素质）的和群体的（民族素质等）。就个体的人来说，其素质又有生理的（身体的）的和心理等诸项。其中心理的既包括知觉、记忆、想象、思维、情绪、情感等与生俱来的心理特质，也包括被内化的属于文化范畴的政治的、思想的、道德的等社会性心理内容。

日语教学除使学生掌握日语知识和技能外，还要通过日语课内外的学习提高文化修养，受到思想教育、道德教育、人生观价值观的教育，同时要开启学生智力，培养能力，把日语教学与人的全面发展这一教育教养任务有机结合起来。

提高学生的综合素质，对教师有如下要求。

（1）在教学过程中要注重挖掘学生的智力潜能，发展学生的智力水平。外语学习的智力要素主要包括语言感知能力、观察力、记忆力、联想力、逻辑思维能力、创造力以及学生的自学能力。

（2）在教学活动中要注重对学生四项基本技能的培养，我们称之为外语学习的能力要素。它包括听解能力、会话能力、阅读能力、写作能力，也有学者把翻译能力也纳入外语能力要素范畴。

二、有效激发学习动机

"有领导的认识"是教学活动的特点之一。没有教师的主导作用，学生是难以自行达到掌握陌生语言文化知识和技能任务的。

教师对于教学任务能否完成和教学效果的优劣都负有主要责任。然而，学生才是教学活动的主体。教师的主导作用首先在于激发学生的求知欲和学习兴趣，建立积极的日语学习动机，使他们能够自觉主动地学习。离开了这一点，学生对于语言知识和技能的真正掌握、学生智力的发展、学生态度感情的成熟和提高都是不可能的。

学习动机是推动学生进行学习活动的内在原因，是激励、指引学生学习的强大动力。其心理因素包括：学习的需要，对学习的必要性的认识及信念，学习兴趣、爱好或习惯等。

从事学习活动，除要有学习的需要外，还要有满足这种需要的学习目标。由于学习目标指引着学习的方向，所以可把它称为学习的诱因。学习目标同学生的需要一起，成为学习动机的重要构成因素。

（一）培养学生的学习动机

学生的学习动机可以通过教育教学过程加以培养。培养学生的学习动机对教师有如下要求。

（1）要通过目标设立、奖惩机制、选择受关注的热点问题等激发、启发学生的学习自觉性。

（2）要激发学生的好奇心与求知欲，帮助学生通过直观或实践活动形成稳定的学习兴趣。

（3）根据阿特金森的成就动机理论，总是给学生提供难易度系数为50%的学习内容，因为这个难易系数度学生的学习动机最强。

（4）对于缺乏学习动力的学生，还可以利用其爱好诸如日本动漫、网络游戏等原有动机，通过必须掌握知识才能完成的影视欣赏或游戏任务造成动机的迁移，以形成学习的需要。

（二）激发学生的学习动机

当学生已经有了种种学习需要之后，为了将其维持、加强或进一步发展，还必须做好动机的激发工作。激发学生的学习动机，对教师的要求如下：

（1）采取启发式教学、讨论式教学、辩论式教学等新颖而生动的教学方法，激发学生的参与语言实践活动意识，提高其语言应用能力和水平。

（2）创设问题情境启发学生积极思维。为此，教师要熟悉教材，掌握教材的结构，了解新旧知识之间的内在联系，还要了解学生已有的认知结构状态，使新的学习内容与学生已有发展水平构成一个适当的跨度。创设问题情境的方式可以多种多样，它既可以用教师设问的方式提出，也可以作业的方式提出；它既可以从旧教材与新教材的联系方面引入，也可以通过学生的日常经验引入。在教学过程和教学结束时，也可以创设问题情境。问题情境创设的方式可以多种多样，并且应该贯穿整个教学过程的始终。

（3）创造轻松自由的课堂气氛，避免学生过度紧张和焦虑。

（4）适当开展学习竞赛，处理好竞争与合作的关系，建设合作型课堂结构。多伊奇（M.Deutsch，1949）的目标结构理论认为，由于团体中对个人达到目标的奖励方式不同，导致在达到目标的过程中，个体之间相互作用的方式也不同。

研究表明，个体相互作用的方式主要有相互对抗、相互促进和相互独立三种形式，与此相对应，也存在着三种现实的课堂目标结构：竞争型、合作型和个体化型。在竞争型目标结构中，团体成员之间的目标具有对抗性。只有其他人达不到目标时，某一个体才有可能达到目标，取得成功；如果其他人成功了，则降低了某一个体成功的可能性。激发学生学习动机的方式和手段多种多样。只要教师们有效地利用上述手段来调动学生学习的积极性，学生就有可能学得积极主动，并学有成效。

三、教师指导和学生自觉学习相结合

（一）以学生为主体

教学活动中，到底应该以教师为中心还是应该以学生为中心，一直是教育史上重大的争论问题。如赫尔巴特所强调的"教师的权威"主张"教师主体"；杜威提出的"儿童中心论"主张"学生主体"。

就教育过程的本质和教师的作用来说，在整个教育教学过程中，教师应处于主导地位。因为：第一，教师是教育方针、教育计划的贯彻执行者，教师主导着学生的发展方向和质量规格。第二，教育本身是有目的有计划的育人过程，人的发展是在教育过程中靠教育者有组织有计划地系统实现的，任何教学大纲、教学计划和教科书都取代不了教师在培养人方面所起的作用。第三，教师受过专门训练，具有扎实的专业知识和教学经验，懂得教育规律，掌握教学方法，因此学生的学习只有在教师的指导下才能在短时间内取得最佳效果。

但是，我们也应该看到，教育过程是师生的双边活动，也必然离不开学生的积极主动参与。调动学生的积极性与主动性，不仅是教师主导作用的内涵之一，也是衡量教师主导作用发挥程度的重要标志。因此，我们说，就教育过程的总体来说，在教与学这两个主体的关系上，教师是主导的。

学生是学习的主体，在教育过程中，学生是学习任务的主要承担者。相对于学习内容而言，学生是学习的主人，与学生主体相对应的是学习的客体，它不仅包括教师所施加的一切教育影响，也包括教师本身。因此，认识到学生的主体地位，可以提示教师在教的过程中想到学生的学，并自觉调动学生的学习积极性和主动性。在教育的过程中，学生具有主体和客体的双重属性。

承认学生的客体地位是教师发挥主导作用的前提，明确学生的主体地位是提高教育活动效果的关键与根本。在教学中要充分调动学生学习的自觉积极性，使得学生能够主动地学习，以达到对所学知识的理解和掌握。

（二）充分了解学生

教师要面向每一位学生，充分了解学生。现代教育强调，不能够要求学生适应教育，而是要使教育适应学生。除学习成绩以外，学生的个性特征的各个方面、家庭背景、生活经历等，都是教师因材施教所需要了解的。尊重学生的差异。学生的差异不仅是客观存在的，而且是合理的。日语教学各阶段的课程目标都包括一级目标、二级目标，在达到各目标标准的基础上，教师应当允许学生存在不同方面、不同水平的差异，并且针对每一位学生的具体条件帮助他获得最适宜的个性发展，而不是去普遍地增加难度和深度。所以说良好教育的结果是培养出大批个性充分发展的人，而不是千人一面的"标准件"。

四、创设各种形式的语言学习环境

在中国开展日语教学活动的特点之一在于它是一种间接认识，学生在教学中是以学习书本知识为主。生活中的语言是鲜活的，有时候语言规则也不能完全解答现实中所使用的语言现象，更何况作为外语的日语语言与学生的生活和他们自己的个人经验存在相当的差距，有些甚至是完全陌生的。而人的认识总是从感性上升到理性、从具体过渡到抽象。如果完全没有感性认识和具体形象做基础和支撑，是不可能真正掌握语言概念和文化背景知识的。

由于书本知识与学生之间客观存在的距离，学生们在学习和理解的过程中必然会发生各种各样的困难和障碍，所以创设多种形式的语言环境和语言学习环境，对学生的成长有重要意义。

（一）创设语境的措施

1. 模像直观

模像直观是运用各种手段对实物的模拟，包括图片、图表、模型、幻灯、录音、录像、电影、电视等。实物直观虽然具有真实有效的特点，但往往由于受到实际条件的限制而无法使用，而模像直观则能够有效地弥补实物直观的缺憾，特别是现代技术在教育领域的应用，使得模像直观的范围更加广阔，无论是历史还是现实，都能够借助某种技术手段达到直观的效果。

2. 语言直观

语言直观是教师运用自己的语言，借助学生已有的知识经验进行比喻描述，从而引起学生的感性认识，达到直观的效果。

与前两种直观相比，语言直观可以最大限度地摆脱时间、空间、物质条件的限制，是最为便利和最为经济的。语言直观的运用效果主要取决于教师本人的素质和修养。

3. 完善教学条件设施

在科学技术高度发达的当代，日语教学外部环境已经达到一个相当的水平，日语教学所需要的图书情报资料、影像设备、网络媒体资源为创设语言学习环境提供了可能。

（二）创设语言环境的要求

1. 恰当地选择直观手段

教学课程内容、目标不同，教学任务不同，学生年龄特征不同，所需要的直观手段也不同。

2. 直观是手段而不是目的

一般地说，在教学内容对于学生比较生疏，学生在理解和掌握上遇到困难或障碍时，才需要教师运用直观手段。为直观而直观，只能导致教学效率的降低。

3. 在直观的基础上提高学生的认识

直观给予学生的是感性经验，而教学的根本任务在于让学生掌握理论知识，因此教师应当在运用直观时注意指导，比如通过提问和解释鼓励学生细致深入地观察，启发学生区分主次轻重，引导学生思考现象和本质及原因与结果等。

4. 合理选择教学优质资源

合理选择教学优质资源，应用最有利于学生理解、掌握教学内容的教学技术手段和教学方法，不走形式，不浪费宝贵的课堂教学时间。

五、处理好汉语和日语的关系

外语教学法视其对母语的态度分为两大学派：翻译法和直接法。翻译法充分发挥母语在外语学习过程中的作用；直接法在外语学习过程中完全排斥母语。在日语教学的实践过程中，如何处理好作为母语的汉语和日语的关系，直接影响到教学方法的选择和教学效果。

语言是约定俗成的，语言具有民族性和科学性。语言学上日语和汉语属于不同语系，汉语属于汉藏语系分析语，有声调。汉语的文字系统——汉字是一种意音文字，表意的同时也具备一定的表音功能。而日语属于黏着语，通过在词语上粘贴语法成分来构成句子，称为活用，其间的结合并不紧密，不改变原来词汇的含义只表示语法功能。在日语教学过程中切实有效地处理好母语与日语的关系，对教师有以下基本要求。

（一）有效利用汉语的正迁移作用

语言迁移是指母语的影响进入第二语言的习得，包括语言上的影响，如语音、语汇、语法、语义等方面的影响。语言迁移还包括语言之外因素的影响，如思维模式、文化传统、社会历史等方面的影响。

中国的日语学习者在日语学习过程中，首先要解决的是母语汉语的语言迁移问题。日语与汉语在历史上有过几个相互吸收的阶段。日本在绳文时代是没有文字的。公元四五世纪，汉语传入日本，主要为一部分识字阶层所习用。后来随着中国文化制度和思想学说的传入以及佛教的普及，汉语才逐渐深入融合到一般人所使用的日语中去。很多日语单词的读音也是由当时传入日本的汉语单词的发音演化来的。到了飞鸟平安时代（公元600年左右），受到隋唐文化的影响，借用汉字的某些偏旁部首以及草书体汉字，日本创造了片假名和平假名，使日语有了完整的表记体系。

汉语和日语在历史上始终呈现出紧密的互动，这与两国政治、经济、文化等各方面的广泛交流是分不开的。日语教学过程中，这些互相融合的语言文化对中国的学习者来说，相对于欧美的学习者，是一种优势。特别是学习日语当用汉字时，没有哪个国家的学习者能超过中国学习者。此外，同属于东方儒家文化圈的中国和日本，在价值观、传统思想方面有着共源的特点。例如中国和日本都崇尚"和为贵""仁礼孝"等，文化差异性小，这就减少了中国的日语学习者跨文化学习的压力。有效利用汉语与日语语言上、文化背景上的相似或相近的特点，促进汉语固有知识和经验在日语学习过程中的正迁移，是日语教师必须坚守的原则。

（二）努力克服母语的干扰作用

汉日语言的相近性可以为中国的日语学习者学习日语带来便捷，但也会带来困扰。首先，日语中虽然使用大量的汉字，但是有些日语汉字的语义已经与现代汉语的意义截然不同。此外，日语中的长短音、促音、浊音等发音是汉语中所没有的。汉语的语序是"主—谓—宾"结构，日语是"主—宾—谓"结构，谓语在句子末尾，对于习惯汉语表达方式的学习者来说，语言思维的转换是学习的最大困难。日语的句子成分在句子中的作用和地位是由助词来决定的，语序不决定语义，所以这些都与汉语有很大差异。

学习者对于语言规则的认识、掌握、熟练过程中，必然会遭遇到母语的强烈干扰，所以在初学者乃至于学习很长时间日语的学习者身上，总能发生"汉语式日语"的情况。此时，教师的指导就能发挥积极作用。

教学过程中，教师在排除母语干扰方面要选择好的材料，合理分配时间，安排好教学重点，精心设计练习体系，教授时需要"提点学生"，不必要展开分析，不能在有限的课堂教学时间内全力专注于区分汉语、日语，要引导学生有目的、有计划地克服母语的干扰。

（三）把握母语使用原则

分析一般外语学习者能在有限范围内用外语思维的原因可以得知，这不是从学习初始就排斥母语的结果，而是反复操练和反复使用外语进行真实交际的结果。学生在学习和使用日语语言必然要经历两个阶段：一是日汉、汉日的翻译过程，这是学习的初级阶段；二是完全用日语思维，排除翻译的过程，这是学习的高级阶段。

学生在掌握外语过程中，总要经历"自觉到不自觉"的过程，也就是先借助母语作为外语与概念的中介来学习和使用外语，而后逐渐摒弃这个中介，在外语和概念之间建立起直接联系，这是使用外语的内部心理机制的一个质的变化。掌握外语的过程就是实现飞跃的过程。而要实现飞跃，关键在于反复实践。

学习者在控制使用母语翻译过程中，有积极和消极两种类型：自我调控能力强、能自觉训练排除母语翻译过程的学生进步快，口语能力强，语速快，属于积极的类型；反之，是消极的类型。为促进学生抛开母语中介，达成学习质的飞跃，教师对学生学习的有效指导，需要引导学生在听力、会话、阅读、写作过程中逐步养成"直读直解"的习惯，学会用日语思维。教师在课堂上尽量不说或者少说汉语。同时直观释义法或者日语解读法都是有利于克服母语干扰、培养日语思维能力的有效教学方法。

教学过程中，对待母语汉语既要控制使用又要利用。翻译法只讲利用不讲限制，而直接法只讲限制不讲利用，两者都具有片面性。我们说，用翻译法释义是最节省时间的授课手段，但是它并不是最理想的手段。由于语言并不是一一对应的，翻译释义有时候很危险，容易引起学生片面理解词汇意义，造成语义误读。

可见，一个词会产生多种意义，用许多的汉语词汇来翻译，只会带来记忆困难。所以，无论是从语言思维的培养角度还是从准确认知并正确运用语言的角度，我们都建议用日语授课。那么何种情况下可以使用汉语翻译？可以参考如下情况：

（1）用日语或者直观法难以释义的词汇、成语、句子、语篇可以适当使用汉语翻译或解释，节省教学时间。

（2）作为检查学生对知识的掌握情况的手段，教师可以用翻译法。

（3）区分日、汉语言规则和概念时，可以适当使用汉语。

（4）区分日语近义词意义时，可以适当使用母语翻译。

六、处理好语言知识教学和语言技能教学关系

在语言学中，当语言和言语作为术语而对立使用时，语言指的是语音、语法、词汇系统；言语指的是用语言进行听说读写交际活动。语言是社会共性的，言语是个人差异性的、具体的。

在日语教学中，重视语言，就会以教授语言形式、结构规则为主，以分析讲授为教学模式，教学活动中心是教师，教学设计多为封闭的、固定的模式；重视言语，就会以语言实践为主，以学生为活动中心，根据语言话题、内容、语义、语境等的变化，教学设计多为开放的、弹性的模式。

（一）课堂教学要重视语言实践

正确使用语言需要懂得概念和理论，但是教学过程中至关重要的与其说是传授语言知识、讲授语言理论，不如说是培养言语能力，让学生掌握语言使用方法。许多教学法专家提出，课堂教学讲与练的比例应该为1∶5。

教师的讲解是必需的，在讲授方面重在"精"：第一是精选语言材料；第二是精炼地、精确地讲解语言。多练是对立于讲而提出的，多练不仅仅指练习量多、练习时间多、更重要的在于善于练习。第一是指练习要科学化；第二是指练习要有针对性、目的性；第三是指练习要有助于培养听、说、读、写等语言交际能力；第四是指练习要符合学生的外语学习心理过程。

（二）语言技能培养方面要全面提高

听、说、读、写既是教学目的，又是教学手段，无论从交际的角度还是从教学的角度来看，这四个方面都是一个整体，相互联系、相互制约、相互依存、相互促进的。

说和听属于口语能力，阅读和写作属于书面语能力。外语口语的学习过程是从听开始，学生通过听来模仿、记忆、重复学会说，听为说提供了范例，创造了条件；会说的话是一定能听懂的，说可以提高听的准确性。

阅读可以接触更多的语言材料，为写作乃至听说能力提高都有促进作用；写作能促进口语表达的逻辑性和语言表达的准确性。听和读是吸收语言材料的过程，说和写是表达思想的过程。

日语教学要在广泛听和读的基础上进行说和写的训练，在说和写的活动中巩固听和读所获得的语言材料，要做到听说读写四项基本技能并重，全面提高言语能力。

大脑生理学的实验表明，听说读写各有各的生理机制，对某一个言语技能的训练必须独立进行，不能相互替代。一般来说，在初级阶段的日语教学中，口语能力培养是主要任务，要侧重听说能力的培养，以读和写的练习来巩固听说训练中掌握的语言材料；中级阶段在继续发展口语的同时要加强读、写的训练；高级阶段阅读的训练成为首要任务，同时兼顾口语训练。

（三）处理好课文教学和语音、词汇、语法教学的关系

语言体系内部包括语音、词汇、语法三个要素。语音是语言的外壳，词汇是语言的建筑材料，语法是一个个孤立词汇的黏合剂，三者统一，才能使语言成为交际的工具。

外语教学大纲是把学生必须掌握的词汇和句型按照五十音图的顺序逐一列出，把语法项目归类列出。但是，大纲只能是教学纲要和指导，不能够代替教科书应用于教学过程中。

课文教学规定了语法、词汇、语音知识的讲解范围和教学内容，按照初、中、高级阶段技能教学的不同侧重，课文教学在方法上可以发挥统筹、协调的作用。

课文教学不能全部解决语言规则的问题，如果不能有效地解决语音、词汇、语法的问题，课文的教学也无法进行。所以，对语言三要素的单项训练也不容忽视。有教师在精读课教学上采取先讲生词，再讲语法，然后进入课文和练习；也有的教师以课文段落为单位，逐段讲解生词和新的语法。两种做法都有利弊。

先讲新知识就会略讲课文，语言的练习会集中在一个个知识点上，对掌握新知识有益，对课文进行综合训练会有所不足；而逐段讲解新知识点，则会以本节课要解决的问题为核心，不利于新知识点的系统化和单独训练。教学过程中无论采取哪种做法，如果能够做好教学设计，有意识规避这些弊端，就能够保证教学方法的合理性和科学性。

建议根据日语不同教学阶段，采取不同的教学模式：初级阶段重在听说，对学习者来说，新知识多，语法规则入门较难，所以要以先讲知识后讲课文为主，无论是语言知识教学还是课文教学都要贯彻听说领先、以练为主的方针；高级阶段重在阅读，新的语法规则减少，词汇量增大，词汇学习属于机械记忆的内容多，可以安排课前预习来解决，此时可以围绕课文开展教学。

还应该明确的是，在课文内的语言知识是零散的、不系统的、缺乏规律性的。通过对语言知识的归纳整合，使知识系统化，有助于学生建立起学科知识结构，宏观把握知识。

（四）课堂内外都要关注知识的应用

在教学中需要进行不断地巩固工作，通过练习、复习帮助学生牢固地掌握所学知识。在教学中贯彻这一原则，对教师有以下要求。

1. 在理解的基础上巩固

对于所学知识的理解是巩固的前提。教师首先应当保证学生学懂学会，才有可能获得巩固的良好效果。

2. 保证巩固方式的科学性。

心理学研究揭示了关于记忆和遗忘的一些规律，按照这些规律组织安排，可以提高巩固的效率。教师应当熟悉并且善于运用这些规律。

3. 巩固的具体方式要多样化。

除常见的各种书面作业外，教师应当善于利用各种不同的方式帮助学生巩固所学知识，比如调查、制作、实践等，都能够使学生通过将知识运用于实际，从而有效地达到巩固的目的，并且能够促进学生多方面的发展。

4. 保证学生的身心健康

并不是作业越多，巩固的效果越好。合理地安排巩固是考验教师教学能力的一个重要指标。

七、重视跨文化交际能力培养

外语教学的主要目的是培养学生的交际能力，而交际能力主要是由语言能力和社交能力构成。交际是通过言语和非言语行为来实现的，不了解对象国的文化不可能真正具备跨文化交际能力，交际行为也受使用者的文化制约，同时是其文化的载体。

在日语教学的过程中，对跨文化交际能力的培养应着重研究干扰交际的文化因素。这些因素包括语言手段、非语言手段、社交准则、社会组织、价值观念等。

语言包括词语的文化内涵、篇章结构、逻辑思维以及翻译等方面。非语言手段指手势、身体语言、服饰、音调高低、微笑、沉默、对时间与空间的不同观念等。社交准则泛指人们交往中必须遵循的各种规则以及某些风俗习惯。社会组织指家庭中各成员的关系、同事朋友关系、上下级关系等。价值观念包括人与自然的关系、道德标准以及人生观、世界观等。

（一）跨文化交际能力培养的作用

重视对学生跨文化交际能力的培养，主要作用在于以下几点。

（1）了解不同文化的交际功能模式，能使学生进一步意识到不同文化背景下的人们惯用的言行交际方式。

（2）了解不同的文化行为及其功能，能增强学生对不同文化背景下人们的通常行为的了解，并把它们与受自身文化影响的行为联系起来。

（3）了解不同文化背景的人们的人生观、价值观、世界观及道德标准，能增强学生对自身文化的意识以及对不同文化、不同道德标准的人们的理解。

（4）了解不同文化背景的人们的日常生活模式和言语及非言语行为方式，重点是人们日常生活中的常见行为，能帮助学生了解具体情景的行为原则。

（二）跨文化交际能力培养的要求

在日语教学中贯彻这一原则，对教师有以下要求。

1. 明确跨文化能力培养的主要任务

即培养学生对人们的行为都会受到文化的影响的理解力；培养学生对社会都会受到诸如年龄、性别、社会阶层、居住地等影响人们的言行方式而变化的理解力；增强学生对在一般情况下日本文化中常规行为的意识；增强学生对日语中的词和短语的文化内涵的意识；培养学生用实例对日本文化进行评价和完善的能力；培养学生获取日本文化信息并对其进行加工整理的能力；激发学生对日本文化的求知欲并鼓励学生体验与日本人的文化共鸣。

2. 掌握跨文化能力培养的基本方法

跨文化能力培养的基本方法如对比法、交际法、演示法、实物以及图片参照法、讨论法等。

3. 注重行为文化的导入

要把语言习得和文化习得有机结合起来，使学生通过学习获得语言能力、言语能力和交际能力。

任何一个教学原则的确定都要符合教育现代化的目标。教育现代化的内在特征表现为教育民主化和教育主体性。

教育民主化包括受教育的机会均等不仅是指入学机会均等和获得知识方面的均等，还包括充分发挥每一个个体的内在潜力以获得本领方面的均等；均等地改变所有教师和学生学习、工作和生活条件；师生关系的民主平等等含义。

教育主体性有两层含义：一是尊重学生个体的主体性，让学生主动地、自由地负责；二是尊重教育的自主权，尊重教育的相对独立性，打破模式化教育，用多样化教育造就富于个性的一代新人。

第四节　日语教学的目标及相关要求

一、语言知识能力培养目标

语言作为系统是一个整体，作为语言结构的三要素，语音、词汇、语法是日语知识教学的核心部分。语言理论知识的教学就是对语义的辨析、语义概念的解读、语言规则的介绍和使用方法的训练。

（一）语音能力培养目标

日语语音能力培养主要指培养学生有助于顺利掌握日语语音的所有能力。这个能力要素包括遗传生理的和后天培养的几个方面。

只针对一般正常学习者而言，它主要包括：能够区分日语语音（音位）的辨音能力；能够准确再现日语语音的发音能力；听觉和动觉的控音能力；发音动作的协调能力；具备自动化言语动作熟练的能力；感知和再现日语语调的能力等。

（二）词汇能力培养目标

日语词汇能力培养目标主要包括：有助于学生生成对词汇的感性认识的形象记忆力（听觉、视觉和动觉的）；迅速而准确地区分近似词的能力；迅速形成新的概念的能力；区别词义的能力；迅速理解词的具体（上下文的）意义的能力；识记各种日语词组、短语、成语的能力；在感知日语时迅速认知和理解词的能力；迅速找出必要的日语词来表达自己的思想的能力等。

（三）语法规则能力培养目标

日语语法规则教学的能力培养目标主要包括：学生分辨各种词类和句子成分的能力；察觉日语词汇结构及语法特点的能力；根据语法规则变化单词并将词汇连成句子的能力；迅速而准确地辨认和再现各种句法结构的能力；正确掌握词的一致性关系的能力；具备正写和正读的熟练等。在修辞方面，要具备概括语体词汇和语法特点的能力；辨认和再现各种语体的能力。

二、日语技能的能力目标

语言是用于交际的工具，人们通常是采用听解、会话、阅读、写作的方式进行交际，因此，外语教学论将"听、说、读、写"称为外语学习的四项基本技能，简称"四技"。

技能是指身体各部分的灵巧动作或感官的敏锐程度。外语的"四技"训练、实际就是对我们应用外语时的口、眼、耳、手等感觉、听觉、视觉、触觉器官进行的外语适应或外语熟练的训练。在训练这些语言技能的同时，也会逐步提高各种言语能力。

（一）听解能力培养目标

听是获得日语知识和技能的源泉和手段之一。听解是听觉器官的运动过程，也是一种复杂、紧张、富有创造性的智力活动，它要求听者在这种活动的过程中积极地进行感知、记忆、分析、归纳、综合等思维活动。因此，听力训练又是一种重要的智力训练。

根据听的心理特点，我们把听的能力概括为：快速、迅速捕捉和存储信息的能力；辨别各种语音的能力；适应日语语速的能力；长时间的听解能力；综合和概括的能力；判断力等。帮助学生了解听的心理特点，掌握听解能力并提高方法，是听力教学关于听解能力培养的目标。

（二）会话能力培养目标

会话又被称为"说"。会话是一种积极的言语活动，是不经分析和翻译，迅速用外语表达思想的一种技能。它不是简单地重复已经学习过的语言材料，而是创造性地组织已经学过的语言材料表达自己思想的一种行为方式。

会话能力是一种复用式言语能力，根据会话的心理特点，我们把会话能力概括为：自如地、创造性地运用已经学习过的语言材料表达思想的能力；注意力集中在会话的内容上而不是语言表达形式的能力；敏捷思考和快速运用语言的能力；会话过程中的日语思维能力（或排除翻译的能力）；应对无主题对白的语言交际能力等。帮助学生了解说的心理特点，掌握会话能力并提高方法，是会话教学关于会话能力培养的目标。

（三）阅读能力培养目标

阅读是重要的获得语言知识的手段，人们通过阅读实现间接言语交际。特别是在当今由于信息技术和现代化网络架起了通信桥梁，网络在线阅读已经普及，获取日语阅读材料的条件比过去成熟许多，通过阅读获取日语知识已经成为一种重要的学习形式。阅读能力是培养其他言语能力的杠杆，所以阅读能力的培养也是外语学习的一项重要任务。

阅读能力是指感知、识别和理解语言材料的能力。具体包括：辨认词、词组、句子结构的能力；把握段落中心思想和作者思想发展趋势的能力；弄清句、段之间的关系和诸如指示代词的实际内容等方面的能力；对文章整体的综合理解的能力等。帮助学生了解读的心理特点，掌握阅读能力并提高方法，是阅读教学关于阅读能力培养的目标。

（四）写作能力培养目标

写作是借助文字符号传递信息的语言活动或语言交际形式，是一种语言输出过程，也是重要的语言交际活动。随着网络的不断普及、网上交流的频繁，日语应用写作从书信、公文、科学论文、文艺作品等领域扩展到网络信息交际等领域，增强了写作的应用性，对写作能力的要求也逐步提高。因此写作能力的培养也是日语学习的一项重要任务。

写作能力包括：书面造句能力；搜集素材能力；书面语言的运用能力；捕捉灵感能力；构思能力；组织和形成思想的能力等。帮助学生了解写作的心理特点，掌握写作能力提高方法，是写作教学关于写作能力的培养目标。

（五）翻译能力培养目标

翻译是在准确、通顺的基础上，把一种语言信息转变成另一种语言信息的行为。其分类有许多种，如根据翻译者翻译时所采取的文化姿态，分为归化翻译（意译）和异化翻译（直译）；根据翻译作品在译入语言文化中所预期的作用，分为工具性翻译和文献性的翻译。

根据翻译所涉及的语言的形式与意义，分为语义翻译和交际翻译；根据译者对原文和译文进行比较与观察的角度，分为文学翻译和语言学翻译；根据翻译媒介分为口译、笔译、视译、同声传译、机器翻译和人机协作翻译、电话翻译等。由于上述分类在语言表达形式上只包括有声语言和符号语言，因此我们在讨论翻译能力时，只在口译、笔译两个大的概念下展开讨论。

三、跨文化能力培养目标

跨文化学习主要包括跨文化接触、跨文化理解和跨文化交际三个过程。跨文化接触，就是个体通过有选择地借用母国文化来接触跨文化，对跨文化所作的富有个性特征的统合和再现。跨文化理解就是辩证地认识日本文化的内涵、思想观点。

学习者固有的价值观、思维方式会直接影响到对跨文化的理解和认识。跨文化交际又称为跨文化知识应用，主要是指与日本人进行交际时如何避免发生文化冲突，使交际朝向我们期待的目标发展，从而让交际顺利进行。

日语教学关于跨文化的能力培养不在于跨文化接触，重在对跨文化的理解和跨文化交际能力的培养。结合日语学习特点，我们将跨文化能力概括为：意志决断能力；问题解决能力；创造性思考能力；批判性思考能力；有效的交际能力；对人关系能力；自我认识能力；共鸣能力；情感控制能力；对焦虑的处理能力（心理调节能力）。

意志决断能力，既明确自我究竟要做什么、想做什么这一目标意识，从而决定自我行为目标和方向；问题解决能力，包括目标设定，其中最重要的是发现问题和选择最恰当的解决问题的方法以及如何达到目标的企划能力；创造性思考能力，即把获得的信息创造性地组合，创造出独特的思考和计划的能力。

批判性思考能力，即对获得的信息、经验以客观的方法进行分析的能力；有效的交际能力，即采用言语与非言语形式自我表达的能力；对人关系能力，即与他人保持良好人际关系的能力；自我认识能力，即对自我的性格、优缺点、愿望、好恶等的认识能力；共鸣能力，即对他人的意见、情感、立场、心情能够产生共鸣又不为其所左右的能力；情感控制能力，即对喜怒哀乐等情感的自我控制力；对焦虑的处理能力，即了解跨文化学习过程中产生的焦虑源，为缓解、消除焦虑而采取适当措施的能力，也称作心理调节能力。帮助学生了解跨文化理解和交际的心理特点，掌握跨文化学习的方法，是跨文化教学关于跨文化交际能力的培养目标。

四、策略学习能力的培养目标

学习策略是学习者为掌握某种知识和技能所采用的一系列方式方法。通常从四个方面来理解：认知策略、调控策略、资源策略、交际策略。外语能力的形成除了受教学策略的影响外，还需要通过对学生的学习实践活动来体现。日语能力形成的一个重要条件就是学习策略的选择。

日本名古屋大学教育学研究科伊藤崇达根据"失败的努力归属与学习动机没有关系"的结论，对原因归属、学习策略与自我效能感之间的关系进行了调查研究，得出了"与认知的学习策略相比，自我调整学习策略与自我效能感之间的相关性更为显著。在诸多的学习策略中，学习者自我调整学习策略最为重要"的结论。

这一研究表明，自我调整学习策略对学习成就获得的重要意义。假设我们将学习中遇到的困难看作学习的暂时性失败，那么相应的调整自我的学习策略就是克服困难的最重要武器。

日语学习活动中策略学习的能力主要包括：选择有效感知、记忆、联想等方法的能力；选择合理预习、复习策略的能力；有效理解知识和概念的能力；主动探索符合日语学习规律的学习技巧的能力；调节学习中自我生理与心理机能的能力；正确评价自我学习的能力；监控自我学习的能力；管理自我学习的能力；在团队学习中发现及借鉴他人学习方法的能力；选择既适合自我个性心理特征又有效促进交际的行为方式的能力。从而帮助学生了解学习过程的心理特点，掌握学习方法和策略，是学习策略能力培养的教学目标。

第三章

新时代日语教学相关理论及其应用

第一节　认知语言学理论及日语教学应用

一、认知语言学理论的基础认知

20 世纪 70 年代末和 80 年代，许多语言学家开始从认知的角度来研究语言现象，逐渐形成了认知语言学流派。认知语言学兴起于 20 世纪 70 年代末的美国西部地区，20 世纪 80 年代至 20 世纪 90 年代得到迅猛发展，目前已盛行于欧洲、北美、中国及其他国家，是一门渐成主流的新兴的语言研究学科。

关于认知语言学的定义，由于其尚未形成一个完整的系统学科，所以尚未形成一个严密而完整的定义。国内外不同的专家学者对其的理解也是仁者见仁智者见智，都是从不同的角度对认知语言学作出解释，尚未达成共识。笔者认为，简言之，认知语言学就是一门研究人的认知规律和语言之间的关系的学科。接下来，笔者具体从以下几个方面谈谈对狭义的认知语言学的理解。

（一）认知语言学理论的哲学基础

认知语言学理论建立在一定的相关理论基础之上，这些理论基础包括哲学、认知科学、心理学和语言学等。由于篇幅所限，下面重点介绍和本论文关系较为密切的认知语言学的哲学基础 —— 体验哲学。不同的语言哲学观会产生不同的语言学派。认知语言学的发展离不开其哲学基础，语言哲学最基本的问题是语言与客观世界的关系问题。在西方哲学史上，主要有主观主义和客观主义两种哲学观点，而主观主义对语言研究的影响微乎其微，客观主义则对其具有重要的影响。

在哲学基础上，认知语言学反对客观主义哲学观，汲取其中的合理成分，强调客观世界对人类认识的重要性，同时注重人的主体意识和想象力，倡导主客体之间的互动性，坚持体验哲学观。体验哲学观认为人类对客观世界的认识来自对现实世界的体验，而不是与现实世界的对应，主张人身体的、认知的、社会的体验是形成概念和语言的基础，强调人们对客观世界进行互动体验，在认知的参与下、经验中形成了语言。体验哲学有三条基本原则，分别是"心智的体验性、认知的无意识性和思维的隐喻性"。

1. 认知的无意识性

我们大脑中内部的认知运作、信息加工过程等是非常复杂但又飞速运作的，是我们无法觉察到的，是无意识的。体验哲学坚持意义的体验观，把意义置于身体和无意识的概念系统中，而传统的分析哲学则认为所有的思维都是有意识的，所以体验哲学是对分析哲学的反叛。

2. 心智的体验性

心智的体验性认为范畴、概念、推理、心智等不是先天就存在的，而是来自后天人类与客观世界的互动体验，通过认知加工形成的。人们通过与周围世界的互动，在经验中形成范畴、概念和意义。

在感知体验中，我们的身体（身体部位、感觉器官等）和空间（地点、方向、运动等）是形成抽象的概念、意义的两个主要基础。例如，表示人的身体部位的"头"通过隐喻映射出"山头""树头"等，由空间词"上、下"引出表达时间的"上午、下午"的概念等。

3. 思维的隐喻性

认知语言学认为，人类的思维不是对现实世界的直接复制，"其中必定要涉及'跨域认识'的过程，即以一个认知域来认识和理解另一个认知域，基于此必然要得出'大部分推理具有隐喻性'的结论"。

隐喻就是把一个认知域的概念投射到另一个认知域。这两个认知域的概念之间是有关联的，而这种关联来自认知领域中的联想，如"论战""争论"就是用战争来隐喻辩论。体验哲学观认为，隐喻是普遍存在的，是人类的认知方式之一，是人类思维的一个基本特征，人类可以运用隐喻、转喻等方式实现思维的创造性，从而产生抽象的概念。

体验哲学观是认知语言学的哲学基础，对认知语言学理论的影响是显而易见的，语言不是现实世界的直接反映，而是人类在对现实世界进行互动体验和认知加工的基础上形成的，现实世界是通过人类的认知加工之后才与语言联系起来的，人的体验和认知在语言中起着重要作用，这就形成了认知语言学的基本原则，即"现实—认知—语言"。

（二）认知语言学研究的目的

认知语言学研究的目的是揭示语言事实背后的认知规律，并通过这些认知规律和相关知识对语言做出统一性的解释。

认知语言学认为，语言是认知的一部分，受人的认知影响和制约。认知语言学注重研究人的认知规律，在对语言结构进行描写的基础上，致力于寻求和揭示语言事实背后的认知方式，并通过这些认知方式对语言做出统一解释。

先前的认知语言学理论在分析语言现象时往往采取了不同的方法。例如，用组合原则来分析语义，分别用词法和句法来分析词汇和句子，语用方面则用会话含义、言语行为理论等来分析，没有从整体上来把握和沟通语义、语法、语用等要素。

认知语言学则尽量简化和统一分析语言的方法，力求用较少的规则来解释纷繁复杂的表面似乎并不相关的语言现象，努力寻找适合分析和解释语言各个层面的一些基本认知方式，沟通语义、语法、语用之间的联系。

"纲举则目张"，只有深入探索语言背后的认知，才能高屋建瓴，居高临下，整体把握纷繁复杂的语义、语法等语言现象。而潜藏于语言背后的认知方式到底有哪些呢？经过认知语言学专家学者的研究，探索出这些认知方式：体验、范畴化、概念化、认知模式、意向图式、隐喻、转喻、关联、识解等。认知语言学家用这些认知方式来分析语言的各个层面，对语言做出统一的解释。例如，隐喻和转喻可作为分析词义演变和语法化的重要机制，范畴化对概念形成具有重要意义等。

人类认知世界的方式对人的概念结构以及语言的表达、运用和理解有直接的影响。人的认知差异和概念结构的差异是语言形成差异的主要原因。也就是说，对同样的事物，如果从不同的角度去体验就会认识或凸显其不同特点，所以对同一事物会有不同的称呼。

认知语言学主张，语言除与认知规律有密切关系之外，还与人的百科知识有关。对语言的研究不仅要以认知为基础，也要参照人类的概念知识、社会文化习俗、话语功能等，要想将语言描述清楚，应充分考虑这些因素。

（三）认知语言学的核心内容

与其他许多语言学派不同，认知语言学是以意义为中心的语言学。认知语言学认为认知对于语言研究具有基础性的作用，而人的认知又和概念、意义有着密切的联系。可以说，认知语言学是以意义为中心的，相应地，认知语义学就成为认知语言学的核心内容。

认知语言学的核心原则是"现实—认知—语言"，"认知"这一中介使语言与外部世界的直接联系被割断，认知在"现实"和"语言"之间发挥了极其重要的作用，现实世界是认知的物质基础，认知对现实世界进行心理加工。这就强调了人的主观认知和想象力在"现实"与"语言"之间所起的主要作用。语义主要是基于体验的，植根于人类与世界互动过程中形成的经验，来源于使用者对事物的理解，不能脱离人的认知。考查语义，也需从认知与现实两个层面来进行。

认知语义学的一个基本观点是"人类只有通过头脑中的概念范畴才能接触现实，反映在语言中的现实结构是人类心智运作的产物，因此语言研究重点应围绕人类的心智、认知和概念进行。"

基于此，认知语义学主张语言意义是来自对事物的认知，是人的体验的"概念化"。"概念化"在认知语言学中是一种认知方式，它既指已经形成的概念，又指概念形成的过程，突出了人的创造性和意义的动态性。

人们在对现实世界进行体验的基础上形成了范畴，范畴与概念相对应，形成意义。所以，意义是概念化的过程和结果。概念化是认知的过程，而认知又与人类的经验、范畴、概念、推理等密切相关。因此，认知语义学的最终目的就是阐述范畴过程、概念框架、认知方式、推理过程、隐喻机制，以及语言形式等是如何反映它们的。

（四）认知语言学应遵循的原则

认知语言学是认知科学和语言学结合而成的一门交叉学科，它是基于人们对世界的经验和对世界的认知来研究语言的。它反对形式主义语言学的观点，主张语言不是一个独立的系统，语法也不是一个自足的体系，力求揭示语言背后的认知规律并用这些规律和相关知识对语言做出统一的解释。认知语言学的基本原则就是"现实—认知—语言"。

这个基本原则的含义是在现实世界和语言之间存在一个认知的层面，语言与现实世界并不是——对应的，它是人类在与现实世界进行互动体验和认知加工的基础上形成的，现实世界和语言是以人的认知为中介联系起来的。这个模式是"客观世界→认知加工→概念→语言符号"。现实、认知、语言之间是相互作用、相互影响的。

现实决定认知，是认知的基础；认知决定语言，而语言又可以反作用于认知。认知与语言之间是辩证统一的关系。语言是一种认知现象，是认知的表征，是人对现实世界进行互动体验和认知加工的产物。语言能力是人的整体认知能力的一部分。

认知语言学主张对语言的理解应该以人的认知为出发点，语言研究必须和认知研究结合起来。具体来讲，认知语言学研究与认知有关的语言的产生、获得、使用、理解过程中的一些共同规律及其与思维、记忆有关的语言知识结构模式。也就是说，认知语言学致力于探究语言事实背后的认知规律，并运用这些规律解释语言的普遍规则。

二、日语教学中导入认知语言学理论的作用

认知语言学是一门坚持体验哲学观，以身体经验和认知为出发点，以意义为研究中心，旨在通过认知方式和知识结构等，对语言事实背后的认知规律做出统一解释的跨领域的学科。培养学生的语言思维能力，在于培养学生对语言的认知能力，注重语言的创造力。具体来讲，是采用认知教学法，将认知语言学的理论应用于日语基础教学。

（一）教材注重词语的本质和语义间的联系

当前日语专业本科的基础教材中对单词和语法的编排过于零散和机械。教师对于语法的讲解模式一般是罗列几个用法、列举几个例句。而常常忽略对单词的讲解，只是以单词表的方式在罗列单词的基础上简单注明中文释义。

学习者在学习语法时，只能死记硬背若干个用法，而对于各个用法之间的联系、异同点一无所知。在学习单词时，只能通过简短的中文释义模糊地了解单词的意义。随着词汇量的逐渐丰富，对大量近义词的区分束手无策。机械、零散、含糊的被动散点式记忆，势必导致记忆困难、理解障碍。久而久之，还会丧失积极主动思考的习惯和能力。

在教材编写和教学实践中应用认知语言学的原型范畴理论，可以很好地解决上述问题。原型范畴理论认为，任何范畴都具有由典型事例到边缘事例的模糊性特性。范畴成员之间具有家族相似性，具有不同的地位。原型是范畴中典型的、中心的成员，它和人类的认知结构最为接近，因此最易于被人脑感知。

首先，对于语义较多、使用较复杂的词语可以通过树形语义结构图来呈现其各语义和用法之间的有机联系。其次，在单词和语法点的讲解中应指明其蕴含的本质意义。认知语言学认为，多义语的语义众多，但万变不离其宗，各语义之间有着本质的相同之处。这决定了词语的语义发展会在一定限度内进行，词语的运用也有一定的规则。

（二）引导学习者理解语言"认知主体的意识"

语言的组织遵循语法规则，但并不代表语言是被语法支配、统治的。许多教师在授课讲解中对语言和语法关系的处理不当，过于强调语法对词义、词性的限制作用，导致学生对语言的理解存在误区，认为语法是约束语言的"框子"，语言只要在这个"框子"内活动，就是正确的，越过"框子"就是错误的。于是在实际运用中会经常感到困惑。

因此，在日语基础教学之初，教师就应当引导学生正确理解语法与语言的关系。语

法是为言语主体表达、传递情感及提出主张服务的。

人类在语言的实践中不断地更新、深化对语法的认知，丰富语法的内容。不同认知个体之间存在认知的差异，这势必导致其认知概念上的差异。因此，不能简单地依据某个语法条目来判断语言现象的对与错，而应在具体的语境中，分析考虑其中蕴含的认知主体的意识。认知语言学认为，认知主体的意识决定了语言的组织方式、表达方式以及表达效果。在具体的语言使用中，必须由说话人根据自己的发话意图和当时的语境来做出形式上的选择。说话人的认知过程、关注焦点以及发话意图即语言中蕴含着认知主体意识。

将认知语言学理论应用于日语专业教学实践，帮助学习者既从宏观上把握词语的本质意义及语义间的有机联系，又从微观上掌握各个语义的具体用法，使学习者摆脱单词和语法学习中"只见树木，不见森林"的局限。同时，又有助于培养学习者形成积极主动思考的习惯和能力。

传统教学注重分析语言的形式和意义，没有从深层解答语言为什么会这样（语言的动因），因而分析形式线索显得尤其心力不足，虚词的习得、压缩的表达方式等因抽象而难以教授的语言现象又恰恰是学生最期盼解决的问题。导入一点认知语言学知识尝试变抽象为具体，可以解决这些以往因不易处理而被无视的重要问题。以上提到的问题只是在该领域内所作的初步尝试，相信认知语言学能够为日语教学提供的帮助远不止于此。

三、认知语言学理论在日语教学中的应用

日语专业借鉴英语教学经验，在理念和方法上构建出一套符合日语语言特征的教学体系。但是，教师在教学中过于侧重散点知识的这一旧有日语教学模式的弊端逐步显现，学生没有养成用日语思维的习惯，给日语学习带来不少困难，日语教学方法改革迫在眉睫。

认知语言学理论是指以知觉、视点的投影、移动、范畴化等人类拥有的一般性认知能力的反应来理解语言的理论，以认知科学和体验哲学为理论背景，通过心理学、系统论等跨学科研究，指出生成语言学天赋观和转换生成语法的缺陷，主张语言的学习及运用均可通过人类的认知能力实现。以下就如何在继承生成语法等传统教学模式优点的基础上，积极引进认知语言学理论，提高日语音韵、句式、语义、语法等的教学效果进行阐述。

（一）认知语法理论在日语教学中的应用

（1）主观性强、较为模糊的认知模式主张，语言的结构只不过是词义极、音韵极以及整合这些要素的符号单位，指出了语言结构是以从大量的语料中总结出句子的范式的形

式而出现的用法基础模式。传统的日语教学方法与之恰恰相反，教师往往是采用先讲句型然后举例子的办法，让学生造句。忽视了日语中的文化、社会等因素的句子，必然是生硬的、中国式的。如"借花献佛"翻译成日语时，如果只注重句型，而不注重在日语中有"归天者"之意的"佛"这个词的弦外之音的话，会引起以日语为母语者的误解和不快。因此，应该让学生多读日文报刊、小说等课外读物，从中收集该句型的例子，这样既能掌握该句型，又能了解具体的社会文化等语境和单词，从而形成日语思维方式。

（2）认知语法中的词汇和语法观对日语教学的启示。生成语法认为，可以将语法作为规则，在生成句子时按照规则使用词汇。但认知语法对语法和词汇没有做明确的区分，而是将二者之间的差别看作一种具有阶段性的内容。这种规则对以生成语法为基础的传统日语教学模式中的浅层次的词汇、语法观大有裨益，使学生能够在学习日语词汇和语法的过程中提高抽象思维能力。

（二）隐喻在日语教学中的应用

一般认为，隐喻是人类应用类推能力掌握范畴的作用和原理的最基本的认知方式，是认知语言学的重要组成部分。古今中外的文学作品中普遍使用隐喻的手法，给人以很深的感染力。例如，在日语中经常以"主语＋主格助词＋表语＋判断助词"的方式表达隐喻，而不使用"如""像"等直喻中常用的助词。

隐喻与人类对世界的认知、世界观关系密切，与听话者心理状况相契合的隐喻能够打动对方，产生很大的影响力。在传统的日语教学方法中，只重视语法、句法和词汇的表层意思，而忽视了与日本语言、文化风土相吻合的认知语言学中的隐喻教育，从而导致学生对日语文章、日语会话等一知半解。因此，应将隐喻思维引进日语课堂教学中，使学生对日语有深层次的理解，能够顺利通过能力测试，读懂日本文学作品，听懂复杂的日语音频，能够用日语进行交流。

（三）构式语法理论在日语教学中的应用

构式语法是指将语法作为习惯化了的集合体来理解的语言学观点，而生成语法是将语法通过词汇项目及合成词汇项目的规则记叙的语言学概念，两者的立场形成了鲜明的对照。构式语法理论主张从谚语之类的固定表达方式到所谓的单词能够自由替换的SVO（主谓宾，在日语中是SOV，主宾谓）构式都形成一个连续体。在日语中具体表现如下：前缀形态素，如"超"；后缀形态素，如"的"；熟语，如"吴越同舟"；双重宾语构式，主语＋动词＋宾语1＋宾语2；被动态构式，主语＋助动词＋动词的被动式。对上述这些日语中的核心语法，只有通过构式语法理论进行抽象概括，才能理解问题的本质，并加深记忆。

由上述对隐喻、范畴化、认知语法、构式语法等认知语言学理论在以传统的生成语法为指导思想的日语教学中的应用可以发现，认知语言学并没有否定生成语法中的"词汇""形态""统语"等的存在。认知语言学理论非常抽象，在教学过程中照本宣科很难让学生理解。

（四）范畴化理论在日语教学中的应用

认知语言学中关于范畴化的讨论发端于罗素等的研究，成为产生认知语言学的一个契机。他们提倡原型理论、基本层面范畴等概念，据此叙述语言，以取代通过所有成员所共通的属性规定范畴的古典式范畴观念。他们主张词的意思不能和该词的使用所联想到的典型状况、百科辞典式的知识亦即世界知识割裂。

查尔斯·菲尔墨的框架语义学、乔治·雷可夫的理想认知模式也是以此理论为基础的。人类的认知资源是有限的，通过范畴化可以以最小的努力获取最大量的信息。范畴化经过以下过程形成。

（1）肉眼所见对象的模式认知。如"主语＋宾语＋谓语"这一日语句式属于一种典型的模式认知，有利于掌握日语的本质。

（2）从长期记忆中检索已经认知的信息。如在阅读新的日语句子时，从上述的日语基本句式这一长期的记忆中，检索已知的主语、谓语、宾语。

（3）选择与对象最类似的记忆。如在学习日语语法核心知识时态时，选择与之最类似的中学学过的16种英语时态，进行对比学习。

（4）推论对象所具有的性质。如在日语句子中有很多汉语词汇，只有根据日语习惯正确推测这些词汇在日语中的性质，才能正确安排其在句子中的位置。

（5）从经历的众多刺激中通过典型性、类似性形成代表性的案例（模式），运用这一模式形成范畴化。越是典型的案例，范畴化越强，就更容易记忆，也更容易回忆起来。在日语学习过程中要掌握极易混淆的词汇的读法，使用典型案例范畴化法。只要记住前音后训的"重箱"和前训后音的"汤桶"两个典型的读法，这个难题就会迎刃而解。

因此，在日语教学过程中，要在讲解语法理论体系的基础上，引进上述认知语言学的四大支柱内容，对生成语法中的相关知识进一步抽象、概括，从而掌握日语的本质。教师在备课时可以参考日语认知语言学的相关理论对教科书上的语法点等进行补充，以提高教学效果。

第二节　建构主义理论及日语教学应用

一、建构主义理论概述

（一）建构主义学习理论的相关认知

建构主义主要是研究学习与知识之间关系的理论，建构主义强调学生在学习过程中的主动性，学生在原有知识基础上对知识进行全新理解构建。将建构主义理论与初中英语词汇教学充分结合起来，不仅能够提高课堂教学效率，还能够培养学生的自主学习能力，为学生未来发展奠定基础。

1. 建构主义学习理论

建构主义作为一种哲学方法论，注重分析事物的结构、结构的由来以及结构如何形成等问题。建构主义学习理论则主要研究认知规律，即学习如何发生、意义如何建构、概念如何形成，以及理想的学习环境应包含哪些因素等。

（1）理论来源。建构主义学习理论是指在建构主义观点指导下形成的较为有效的认知学习理论，现如今已经越发成熟和完善。建构主义学习理论起源于儿童认知发展理论，该理论认为在学习过程中学习者是信息的主要加工方。

（2）主要观点。建构主义学习理论坚持以学习者为主，注重激发学习者的主动性。建构主义学习理论的观点不同于传统的学习理论和教学思想，它推动了以"教"为中心的教学模式向以"学"为中心的方向发展，对教学设计具有重要的指导意义。建构主义学习理论认为，学习过程不是一个被动接受的过程，而是利用"刺激—反应"学习法、归纳法等总结新知识，完成知识的学习过程。

2. 建构主义的特点

建构主义是认知主义的一个分支，最早是由皮亚杰提出的。建构主义不仅是一种关于学习和知识的理论，而且在哲学、心理学、社会学和教育学方面都有极深的根源。

建构主义理论认为，教育是培养学习者独立思考、分析问题、解决问题的能力。建构主义研究者普遍重视学习者的自主性，认为在教师的监督和指导下，学习者在学习中起着至关重要的作用，课堂应该以学习者为中心。

墨菲（Murphy，1997）认为，建构主义教学具有以下特点。

（1）以学生为中心的教学，为学习者提供自己探索和发现的机会和环境。

（2）提供各种真实的学习资源。

（3）教师作为指导员、监督者、促进者、教练、导师等。

（4）学生和教师的谈判目标。

（5）学生可以通过小组讨论、合作学习和自主学习来建构知识。

（6）提供主要数据以保证真正的复杂性。

（7）专注于解决问题，高层次的思考能力和深刻的理解。

（8）错误和反思的思维受到鼓励。

（9）培养学生探索和发现。

（10）必要时提供"脚手架"。

（11）考核是真实的，是与教学相结合的。

建构主义认为，学习者是课堂的中心，课堂应该以学习者为中心。此外，知识不是通过教师的教学获得的，而是通过学生的构建来获得的。然而，教师在课堂教学中仍然扮演着重要的角色。教师扮演的主要角色是组织者、引导者、促进者、指导员和监督员。

（二）建构主义理论下的基本教育观

建构主义既是一种认知理论，又是一种学习哲学。在一定程度上，建构主义是对传统认识论的革命和挑战。在教学与学习中，建构主义知识观、学习观、教学观、评价观等都对教育教学具有深远的影响。

建构主义理论下的知识观认为学习"是以其现有的知识经验、信念为基础，对新的信息主动地进行选择、加工，从而建构起自己的理解，并使原有的知识经验系统因新信息的进入而发生调整和改变"。即学生是一个独立存在的个体，有着自己的思维和想法，对知识的见解也应该是在基于自己经验的基础上逐渐建构的。学习知识绝不是简单的"复制和粘贴"，而是随着社会的不断进步和发展，对知识进行不断的建构。

建构主义学习观主张在学习过程中，应在教师的指导下以学习者为中心。在学习过程中，学习者不但要对新接收的信息意义进行积极建构，还要对个体原来的经验进行改造和重组。也就是要求学生在学习过程中，不断对知识进行编程，并按照自己的需要，在现有的经验基础上，主动选择、加工、处理知识，并以此来建构属于自己特有的知识经验。同时，要求教育工作者在教学中建构包括情境、合作、会话和意义为要素的学习环境。创设一种与现实生活相类似的情境，使学生在其中经历假设、尝试与探索，并通过师生、生生之间的协作与会话来对外部信息进行选择、加工、处理，共享每个学习者的思维成果等，最终达到意义建构的目的。

建构主义教学观强调以学习者为中心，特别注重学习者的主体性和选择性，要求把重点放在学习者身上，而不是放在教师身上，更不能简单粗暴地对学习者进行"灌输"，应该把学习者原有的知识和经验作为新知识学习的基础，引导学习者在已有的知识经验上，构建属于他们自己的、新的知识经验。建构主义理论下的评价观，教学评价的要点是把"结果式评价"变为"过程式评价"，将评价主体多元化、评价方式情境化、评价内容全面化。

（三）建构主义理论影响下的教学课堂

1. 基于建构主义理论的教学设计原则

（1）强调以学生为中心的建构主义理论者强调以学生为中心的教学设计原则。这一原则主要可以从以下三个方面进行论述。首先，教师要充分发挥学生在学习过程中的主动性，体现学生的主动性精神。其次，教师应该为学生提供许多不同的机会来利用他们在不同情况下所学到的知识。最后，教师应该让学生形成对客观事物的理解，并根据自己的行为找到解决实际问题的方案，然后完成自我反馈。

（2）强调协作学习在意义建构中的关键作用的建构主义者认为学习者与周围环境的互动对于理解学习内容起着关键作用。因此，在课堂教学中，学生应该相互交流，交换意见，在教师组织和指导下成立学习班。通过这种协作学习环境，包括教师和每个学生在内的学习小组的思想和智慧可以被整个小组分享。确切地说，是整个学习者群体而不是其中的一个或几个学生一起完成所学知识的意义建构。

（3）强调学习环境设计的建构主义者认为学习环境是学习者可以自由地进行探索和自主学习的场合。此外，在学习环境中，学生可以利用文本材料、书籍、视听材料、多媒体课件、互联网等多种工具和信息资源来实现他们的学习目标。教学环境是指一个支持和促进学生学习的地方。总的来说，建构主义理论指导下的教学设计是针对学习环境而不是对教学环境进行设计的。

（4）强调学习过程的最终目的是完成意义建构。建构主义学习环境下强调学生是认知主体和积极意义建构者。因此，他们把学生的意义建构作为整个学习过程的最终目标。在他们看来，教学设计通常不是从对教学目标的分析开始的，而是从如何为学生创造有利的情境来开始意义建构的。教学设计的各个环节，包括学生的自主探索、合作学习、教师的辅导等，都是围绕"意义建构"中心展开的。总之，学习过程中的所有活动都应该服从于本中心，这样有利于学生完成和深化知识的意义建构。

2. 基于建构主义理论的教学方法

基本上来说，教师有三种：解释者、参与者和促成者。第一种教师对神话的认识有限，依赖于解释或讲授。第二种教师知道主题，可以教授神话。第三种教师对班级里的个人和团体是如何思考和感觉的有一定的认识。根据建构主义理论的原则，第三种是最好的。因为教学是一个减少外部控制，逐步提高学生自我控制能力的过程。

基于建构主义理论的基本教学模式是：学习是核心。在整个教学过程中，教师扮演着组织者、导游、帮助者和促进者的角色。运用情境、合作、对话等环境因素，充分发挥学生的主动性、积极性、开拓精神，最终达到使学生有效建构所学知识的目的。下面列出了三种具体的教学模式。

（1）支架式教学。支架式教学的思想起源于苏联心理学家维果斯基的理论——最近发展区。在这一理论中，支架式教学应提供一个概念框架，以帮助学习者建构他们对知识的理解。这个框架的概念是为学习者所需要的，以进一步理解问题。为此，教师应提前分解复杂的学习任务，以促进学习者对任务的逐步深入理解。建构主义者生动地将概念框架比作"脚手架"。此外，在探索之初，教师应该提出或介绍相关的类似概念，以启发和引导学生，然后让学生做出分析。在学生的探索过程中，教师可以及时给学生一些提示，帮助学生在概念框架的基础上推进探索。一开始老师可以给学生更多的帮助，然后逐渐减少帮助，让学生有更多的自由空间去探索。最后，教师应尽最大努力，使学生在没有教师帮助的情况下，自己可以不断推动概念框架的探索。在脚手架教学的第四部分，学生应该通过合作学习来互相讨论和改变观点。讨论的结果可能增加或减少与当前所学概念相关的固定性质，因此这些性质的秩序可能会有所调整。此外，它可能使前一种复杂的情况更加清楚和连贯。

（2）抛锚式教学。建构主义认为，如果学习者想要完成知识意义的建构，就必须对事物的本质和规律、自身与其他事物之间的关系有一个深刻的理解。因此，最好的方法是让学生感受和体验在一个现实世界的实际环境中而不是听关于这种经验的介绍和解释。确切地说，就是让学生通过获得直接的经验来学习。抛锚式教学的目的是让学生产生学习的需要，在一个完整真实的学习环境中通过嵌入式教学以及学习社区成员之间的沟通与互动，完成识别目标的整个过程，提出目标和达到目标需要依赖一个人的主动学习和亲身体验。这种教学需要建立在相关的真实事件或真实问题上。把这种真实事件或问题建立起来，就像锚一样生动。因为一旦确定了事物或问题，整个教学内容和整个教学过程就会确定下来，就像一艘船被锚固定住一样。

（3）随机教学。随机存取教学是建构主义者追求高级学习的一种教学策略。学习者可以通过不同的途径和不同的学习方法，自由地学习相同的教学内容，从不同的角度了解和理解相同的事件或相同的问题。这种教学被称为随机存取教学。随机存取教学的基本思想来源于建构主义理论——认知弹性理论的一个新的分支。该理论的目的在于提高学习者的理解能力和知识迁移能力。不难看出，随机存取教学因时间和目的的不同而对学习者提出了不同的要求，旨在培养和提高学习者的理解能力和知识迁移能力。换句话说，这些要求是根据认知灵活性理论提出的。由于事物的复杂性和问题的多样性，全面理解和把握事物的内在本质与相关事物之间的相互作用是非常困难的。所以，要真正全面、深入地完成所学知识的意义建构，从不同的角度思考，学生就能有不同的理解。为了克服这种弊病，应该注意在不同的场合、不同的时间、不同的目的，以不同的方式呈现给学生相同的教学内容。

二、建构主义理论在日语教学中的应用——以日语口译教学为例

随着国际交流的常态化，国内兴起了一股口译学习热潮。在传统的日语口译教学中，以教师为主导的教学模式仍占据主导地位，学生的主体性、教学过程的开放性以及教学的互动性等未得到充分的体现，学生的口译水平也未能得到较大幅度的提升。但是，随着近年来建构主义理论在教学中逐步得到重视并积极推广运用，对提升高校学生日语口译水平起到了重要作用。

（一）营造良好的教学情境

由于口译的特殊性，学习者必须置身于真实的情境中才能达到理想的学习效果，所以营造逼真的口语场景有助于提升教学质量。

在进行实际的场景营造时，可以借助现有的教学手段，将新闻时事解说、会议视频等当作训练材料，来创建良好的教学情境。多种教学手段的使用，既可以为学生提供更加便利的自主学习环境，也可以大大降低课堂教学任务，从而增强课堂运用功能。此外，在进行实际教学时，教师还可以让学生准备口译材料来配合教学，这样既能扩大学生的知识广度，提高自主学习能力，又能避开教学内容闭塞的缺陷，且提高学生的学习热情。

（二）注重学生的主动性和参与性

合作在口译学习中至关重要，而语言类学习者又应该加强语言表达练习，所以教师要为该练习提供平台，要依据学习者的实际情况组织小组学习实现辅助教学，尽可能让同一水平的学习者在同一小组进行练习，从而达到互相提升的效果。如让学习者以小组为单位进行课前学习准备或课堂练习，让每个学生都能真正地参与到口译练习中来，提高口译训练效果。在进行小组合作时，又可分为组内与组间合作。

组内合作可以提高学员参与度，扩大教学的受众面，避免以往课堂教学中不能顾及到每个学生的问题发生，并且可以增加学生间的交流。而组间合作可以锻炼学习者的社交能力。

教师还可以为各组分配不同的任务，让各组根据自己的资料进行交流训练，从而掌握新知识。

为提高学生的学习热情，任务的制定可以结合当下热点或学生喜爱的剧本形式进行。口译工作是"再现—整理—表达"的过程，对学习者个人的逻辑思维与应变能力有较高要求，教师在教学实践中以项目式、任务式的方式引导学生进行该过程，并为学习者创建交流平台，能够有效地提升口译效果。

（三）善用互动式教学形式

目前，很多高校都在进行"以学生为中心"的教学改革，要求教学过程要以学生为中心，以学生需求为导向，因此教师要更多地与学生建立有效互动，更多地了解学生的实际学习情况。

互动式教学是双向的，提问法则多被理解为互动式教学的"启动步"，教师在课堂上可以采用提问或游戏的方式多与学生互动交流。

学生对问题的反应或对游戏的参与度可以成为确认学生学习情况或调整教学进度的重要参考。这样既能够有效突出学生在课堂上的主体地位，提升学生的学习能力，又会对提高课堂效率有很大帮助。

（四）采用综合性效果评价方式

对学习成果进行评价时，应从多方面进行综合考虑。具体可以细化为学习者的学习态度、学习表现、参与程度与合作学习时的贡献等。而评价方式也要实行多种评价并行的方式，综合教师评价、小组互评与自我评价三方面得出最终评价。通过多种评价方式的组合运用，实现对学生日语口译学习效果客观、全面的评价。

第三节　语用学理论及日语教学应用

一、语用学理论概述

　　虽然语用学的理论出现的时间较长，但对它进行一个准确的定义却十分困难。其原因一方面在于这一理论比较复杂，另一方面，语用学独立成为一门学科的时间还并不长，这一理论还在不断地发展和深化，随着研究的不断深入，还有很多未知的内容有待研究。

　　什么是语用学？何兆熊在他的著作《新编语用学概要》中罗列了十多条在20世纪70年代至80年代出现的语用学定义，这些定义都多多少少地涵盖了语用学的相关特征，但是，没有一个定义是全面系统、能让大多数学者专家认可的。例如，冉永平教授在《语用学：现象与分析》中，为语用学下定义即："语用学就是关于语言使用的实用学。简言之，语用学就是研究话语在应用中的语境意义，或话语在特定语境条件下的交际意义，它包括意义的产生和意义的理解，还包括交际中语言形式和策略的恰当选择和使用。"

　　在此，仅详细介绍两种与语文教学关系紧密的语用学定义，下此定义者，一位是我国学者王建华教授，另一位是王元华教授，王建华教授在著作《语用研究的探索和拓展》中是这样定义语用学的：语用学是在动态的语言应用中研究说写者表达的语用意义和听读者理解的语用意义，并且研究语用意义的实现和变异的科学。也就是说，语用学关注的对象是使用语言的说写者和听读者；关注语言使用中的各大因素，特别是语境在其中起到的作用；而且语用学也十分关注语言手段本身并使它同语用主体和语境联合起来。

　　王建华教授还在《语用学与语文教学》中为语用学下了更精炼的定义，即"语用学也叫语言实用学，是研究语言运用及其规律的学科，是由话语、语用主体和语境三大要素组成的整体，其中话语的意义为核心内容"。而另一位著名学者王元华教授将语义学与语用学进行了区分比较，在对比中定义了语用学，他是这样定义语义学和语用学的："语义学是对约定俗成的已经凝固在语形之中的语义的研究，通俗来讲，就是字典意义和语法意义的总和；语用学是研究在具体语境中语言使用者如何使用语义学中的语义达成交际目的。"

　　比较语义学与语用学两者定义的不同，还可以发现，王建华教授认为语用学的三大要素即话语、话语主体和语境，其中核心要素是话语的意义，即话语的言内之意和言外之意。而王元华教授认为语用学的核心要素是话语主体，王元华的这一观点着眼于新课程标准的理念，认为语文教育首先是"人的教育"，不仅要提高学生的语文素养，更要关注学生的全面发展和教学过程中的自主合作探究。这一观点捕捉到了语文教育的精髓，并且与语文新课标的理念相吻合，具有前瞻性和科学性。

二、语用学理论在日语教学中的应用 —— 以日语翻译教学为例

语用学最早见于美国哲学家莫里斯的《符号理论基础》中对符号学的三分法，即把符号学分为符号关系学、语义学、语用学。语用学主要研究语言的使用与语言使用者的关系。如今，语用学逐渐与其他学科如翻译学、应用语言学等相互渗透与研究。

当前译界将如何处理翻译中的语用学问题称为语用翻译。它同语义翻译相对应，成为翻译理论中的一个新模式。在日语翻译教学过程中，认识到语用学重视的语境、言语行为理论、关联理论等对学生正确翻译原文很有帮助，培养学生的语用意识对翻译教学至关重要。因此，笔者将以语用学的理论为指导，从语境、言语行为理论、关联理论三个方面结合实例分析语用学理论在日语翻译教学中是如何运用的，并深入探讨文化意象翻译时的相关翻译策略。并在此基础之上，针对语用学理论在日语翻译教学中的应用提出建议。

（一）语境与翻译

语境指语言使用的环境或语言交际的环境。在言语交际中，语境对话语意义的恰当表达和准确理解起着重要作用。

关于语境在翻译中的作用，纽马克（Newmark）指出，语境在所有翻译中都是最重要的因素，其重要性大于任何法规、任何理论以及任何基本词义。在语用翻译过程中，应该充分考虑语境因素，并通过找到语境的关联来进行演绎推理，以准确并如实地再现原文的风格、信息等。只有正确地理解话语的语言语境因素和非语言语境因素，在翻译中才能认识、把握原语的意图，从而实现目的语话语表意的准确性。

翻译无论以何种方式呈现，语言、情境、文化等各种语境因素都不可避免地影响着翻译内容的准确性。所以，语境在翻译过程中起着不可估量的作用。译者必须考虑语境中的诸多语用因素，对人们词语的使用能力做出合理的分析，准确地将原文表达的各种意图翻译出来。

（二）言语行为理论与翻译

奥斯丁（Austin，1962）的言语行为理论首次将语言研究从传统的句法研究层面分离

开来，强调从语言实际的角度来分析语言的真正含义。

言语交际中的间接言语行为在缺乏语境的情况下，是很难理解的。这是因为同一个句子在不同语境下，可以用来表示不同的言语行为。并且汉日两种语言的同一句式所表达的言语行为也是不一样的。

例如，在日语中否定疑问句常常被用来表示"建议""邀请"等言语行为。这种间接言语行为发生时话语的字面意义隐含另一种意义。面对这样的话语，译者就必须充分利用语境来理解此话语，以及判断说话人的真正意图，并把该话语间接实施的真正言语行为在译文中表达出来，从而实现译文的语用语言等效。在翻译时，译者只需根据原文的字面意义翻译出来，因为目的语读者或听者也可以根据语境，推导出说话者的"拒绝"言语行为。在日语中表示邀请时，直接询问对方的欲求被认为是不礼貌的行为。这就要求在翻译时应认真研究原文的暗含用意，力求使译文真实表达出作者的意图。

汉日两种言语在言语行为方面存在诸多差异。但是由于学习日语的时间尚短，很多学生体会不出来。作为教师有必要把这种言语行为的语用差异通过举例子的方式明确告诉学生，提醒他们在翻译的时候多加注意，避免因受汉语母语的影响而导致语用失误。

（三）关联理论与翻译

1. 直接翻译

直接翻译指在译文中保留原语形象的翻译方法。如果能够在原文和译文的认知语境中找到相同或相似的文化意象，译者便可以采用直接翻译法。

我国有很多古典书籍传到了日本，日本人对古汉语中典故的接受程度较高。两国读者在认知语境中具有相同的语境假设，译者采用直接翻译的策略便可以传达出作者的信息意图和交际意图。

2. 直接翻译添加注释

译者看到原文中出现一些阅读难点时，为便于读者理解译文，可以在直接翻译的基础上，采用添加注释的翻译方法。

3. 直接翻译加修饰语

同一文化意象在汉日认知语境中出现文化错位现象时，译者可以采用直接翻译增加修饰语的翻译方法，以使作者的意图和译文读者的理解相吻合。

4. 直接翻译增加隐含意义

译者可以凭借其他的百科知识，在译文中增加译文读者不熟悉的文化意象的隐含意义。

5. 音译

采用音译的翻译策略传达文化意象时，有必要提醒学生要注意它的可接受性。否则，需要给音译加上适当的注释，以便译文读者接受。

6. 直接翻译和间接翻译的合用

遇到典故，感到仅靠直接翻译不能传达作者的意图时，译者可以综合使用直接翻译和间接翻译两种方法，直接翻译可以传达作者的信息意图，间接翻译可以传达作者的交际意图。

如果直接翻译"举人"一词，日本读者可能难以理解，因为在日语读者的认知语境中没有这样的文化意象。间接翻译法增加了相关信息，弥补了仅靠直译作者的信息意图可能会产生的文化亏损。

如今是一个我国和外国文化交流更加频繁、更加深入的时代。在翻译实践中遇到与文化相关联的事物的概率更高。这就要求我们要灵活运用上述翻译策略，力求使翻译更加准确地表达原文意义，从而促进跨文化交际活动的顺利进行。

三、语用学理论对日语翻译教学的启示

（一）增强学生的语用意识

在日语翻译教学中，要有意识地把语用学的相关知识融入教学中，增强学生的语用意识和语用能力。首先有必要强调语境的重要性，引导学生从语境角度去思考原文字、词、句的翻译。其次基础阶段的日语教科书，很多例句比较简单，只有独立的一句话，没有特定的语境，有时难免会给学生造成理解上的困难。针对这种情况，教师可以引导学生去设想这句话的语境是什么，会话的双方是何种人际关系，从而帮助学生正确理解句子并准确翻译。

编写日语教科书的时候，在增加句型种类的同时，需要明确在什么样的语境时才能使用。翻译教学中需要有意识地分析并讲解语用失误的例子，以便使学生逐渐加深语用意识，避免语用失误。

（二）教授语用翻译策略

教师要对不同的语言形式的语用功能和其使用语境进行充分解释，并结合实例分析

语用翻译策略，以语用来促进翻译教学。除在课堂上有意识地培养学生的语用意识，结合教学内容介绍相关的语用规则之外，教师还可以通过其他渠道来培养学生的语用技能，如观看日语电影、日剧、动漫，阅读日本文学作品等。

教师要让学生意识到汉日两种语言词汇表达的特殊语用功能，在考虑文化差异的同时，要用不同语言的语用策略来完成翻译任务。可以告诉学生，寻找关联的过程就是提取各种各样有效信息的推理过程。

初学翻译者往往不敢增减词语，以致译文生涩拗口。翻译教学中如果能从语用学的角度讲清楚增减词语的理据，将有助于学生更好地掌握这一翻译技巧。

随着全球化时代的到来，某些词汇也在悄然发生变化。作为教师有必要训练学生的语言敏感度，让学生及时关注到语言文化层面的变化，以便使翻译更加准确、贴切。

总之，在教学中需要首先引导学生正确理解原文所包含的语用含义，包括言外之意。然后在深刻理解原文的语用含义的基础上，考虑如何传达语用含义以及传达到何种程度的问题。

第四节　元认知理论及日语教学应用

一、元认知理论概述

（一）元认知概念的界定

元认知的概念起源于"记忆的记忆"的研究，由弗拉维尔（Flavell）最先提出。弗拉维尔认为，元认知一方面指个体关于自己的认知过程、结果以及任何相关事物的知识；另一方面则指个体对自己认知过程的主动监控、结果的调整以及对各个过程的协调。

后来将元认知概括为"个体对自己认知状态和过程的意识和调节"。可见，元认知是认知主体对自身心理状态、能力、认知目标、认知策略方面的认知，也就是对认知的认知。元认知包括元认知知识、元认知体验和元认知监控。

元认知知识就是有关认知的知识，主要是主体通过经验而积累起来的，关于认知活动的一般性知识，即对影响认知活动的因素、各因素之间的相互作用以及作用的结果等方面的认识。元认知知识一般储存在个体的尝试记忆中，具有比较稳定的特点，它以意识化或非意识化的方式对认知活动施加影响。

元认知体验是主体在从事认知活动时所产生的认知和情感体验。它可能被主体清晰地意识到，也可能处于下意识的状态；其内容可简单，可复杂；可以是对知的体验，也可以是对不知的体验；可以发生在认知活动开始之前，也可以发生在认知活动过程中或认知活动结束后。

可见，元认知体验直接影响着认知任务的完成情况，积极的元认知体验会激发主体的认知热情，挖掘主体认知潜能，从而提高认知加工的速度和有效性。

元认知监控是指主体在进行认知活动的过程中，将自己正在进行的认知活动作为对象，不断地对其进行积极而自觉的监视、控制和调节的过程。按认知活动的进展过程，元认知监控策略分为四种：制订计划、执行控制、检查结果和采取补救措施。

（二）元认知理论的结构

有关元认知理论的结构，研究者也是各有看法。弗拉维尔提出元认知理论的两大组成部分是"元认知知识"和"元认知体验"。

元认知知识为个体所存储的既和认知主体有关又和各种任务、目标、活动及经验有关的知识片段；元认知体验是伴随并从属于智力活动的有意识的认知体验或情感体验。布朗提出元认知理论的两大组成部分是"有关认知的知识"和"认知的调节"。"有关认知的知识"是个体关于自己的认知资源及认知资源与学习情境之间匹配到何种程度的知识。事实上，"认知的知识"就相当于弗拉维尔的"元认知知识"，"认知的调节"指学习者在力图解决问题的尝试过程中所使用的一系列调节机制，包含一系列的调节过程，如计划、检查、监测和检验等。

国内研究者一般认为，元认知理论由三部分构成，即元认知知识、元认知体验和元认知监控。它们之间是互相作用、密不可分的。

1. 元认知知识

元认知知识是指个人所具有的关于影响自己的认识过程与结果的各种因素，这些因素之间的互相作用及其影响方式的知识。它包括三个方面的知识：一是有关认知主体方面的知识，即有关人作为认知加工者的一切特征的知识，可以细分为以下几点。

（1）对个体差异的认识。如能正确认识到自己的兴趣、能力水平、学习特点以及自己在学习特定内容时的限度，知道自己哪方面的能力比较强，等等。

（2）对个体间差异的认识。如能认识到他人认知能力的特点与长处，认识到自己与他人的种种差异。

（3）对不同个体间的认知相似性的认识。它是通过观察他人而内省自己，对人类认知的一般性规律的认识。如知道人类理解有不同水平等。

二是在有关认知材料、认知任务等方面的知识，主体认识到材料的性质、顺序、熟悉度、逻辑特点、主观方式等制约其认知活动的进展和结果；另外，在认知目标、要求方面，不同认知任务的目标和要求是不同的。三是有关认知活动中的策略知识，是指认知主体在完成认知任务时所需要有关认知策略的知识。策略是提高认知活动效率的方法和技巧，涉及的内容很多，如进行这个认知目标，有哪些可以利用的策略、每种策略的优点和缺点、怎样使用这些策略等。有关认知主体的、认知任务的、认知策略的三方面的知识组成了对认知主体的元认知知识结构。元认知知识是元认知理论的基础。

2. 元认知体验

元认知体验是主体在从事认知活动时而产生的认知体验和情感体验，可能被主体清晰地认识到，也可能是下意识的感受。包含已知的体验，如我认为我对这篇文章的结构理解非常清楚；也包含未知的体验，如我觉得我自己对某句话完全不理解；内容上可简单也可复杂；时间上也可长可短，如在写作时可能感受到一段时间的困难，随后这种感觉就消失了，也可能在非常长的时间内依然保持这样的感受。

可发生在认知活动的初级阶段，主要是对任务的熟悉程度、任务的难度和对完成目标的信心的体验；发生在认知过程的中期，主要有对当前工作进展的体验，有关主体面临的困难或遇到的障碍的体验；发生在认知过程的后期，主要是关乎目标是否完成，认知过程的效率怎样的体验以及有关主体所得的体验。

认知活动中觉得将要失败而产生的焦虑，预感成功而产生的喜悦，从成功的经历中获得经验，从失败的经历中吸取教训，借此产生各种感受，这些都是主体在认知过程中的情感体验。元认知体验一般特别容易发生在需要激发高度自觉思维的工作中，因为这样的工作要求活动主体事先有充分的计划，事后有总结评价，并要进行策略选择，因而整个过程会提供很多机会使人们体验自己的思维。元认知体验是元认知理论的驱动力。

3. 元认知监控

元认知监控就是主体在进行认知活动的过程中，将自己正在进行的认知活动作为意识对象，不断地对其进行积极、自觉的监视、控制和调节的过程。主要包括以下四个方面。

（1）制订计划，即根据认知活动的目的要求，在一项认知活动开始之前构思各种可能解决问题的方法，并预估其有效性，选择最有效的策略，制订最合理的计划。

（2）执行控制，即根据活动目标计划，在认知活动进行的实际过程中，严格及时地监视、评价和反馈认知活动进行的各种情况，一旦发现认知活动中存在不足，就应该及时修正并调整认知策略。

（3）检查结果，即根据有效性目的标准来评价各种认知行动、策略的达成效果，根据认知目标评价认知活动的完成结果，正确估计自己达到认知目标的程度和水平，总结这个认知活动中的经验和教训。

（4）采取补救措施，即根据对认知活动反馈结果的检查，如果发现问题，就及时采取相应的补救性措施来弥补失误。实际的认知活动中，元认知知识、元认知体验和元认知监控三者互相联系、互相依赖、互相制约，有机地组成了对主体的认知活动具有高水平的自我意识和自我调节功能的一个开放的动态的系统。

具体来说，主体所拥有的各种元认知知识，有利于人们在认知活动中对活动过程进行实时监控，指导认知主体通过元认知监控这个具体的操作过程自觉有效地选择、评价、及修改认知策略。

综上所述，语境、言语行为理论、关联理论等语用学理论对翻译教学起着不可缺少的作用。在翻译教学的整个活动中，教师始终处于向学生传达翻译理论和翻译技巧的核心地位。因此，教师有必要把语用学相关理论引入翻译教学当中，为学生提供一种新的翻译视角和方法。

在课堂上进行实际的翻译训练，通过学生翻译，教师讲评、修改，逐渐培养学生的语用翻译意识，教会学生首先从语境的角度去把握原文并进行翻译。此外，还要学会调动已学的词汇、语法、文化等百科知识，不断寻找关联，灵活使用语用翻译方法，以期达到语用等效。

（三）元认知的培养

教学活动包含了各种认知过程。目前，国外做了大量的元认知研究，发现元认知在语言理解、写作、记忆、注意、问题解决和各种自我学习中都起着重要的作用。元认知的培养包括以下几个方面。

1. 要完善元认知知识

完善学生的元认知知识主要从以下几个途径入手。

（1）加强学生的认识和加强自身认知特点的意识。在教学过程中教师要有意识地引导学生采用不同的方法进行学习，让学生充分了解自己的认知特点，并选择更加适合自己的学习方法。

（2）增强学生对自己的学习任务或目标带有影响因素的意识。如学习任务的性质、特点、要求的意识性的培养，这对学生合理分配时间和提高学习中的注意力的影响起着重要的作用。

（3）提高学生的认知策略水平。主要包括认知策略是什么、适用范围、如何使用、何时应用这几个方面。如果学生掌握了这些知识，就能够很好地习得知识，将学到的这些策略迁移到未曾训练的情境中，灵活运用，完成任务，最后达到目标。

2. 丰富元认知体验

只有元认知知识是不够的，还要不断丰富学生的元认知体验，这也很重要。元认知体验不仅影响学生对任务目标的确立，还影响学生个体的元认知知识和元认知策略的产生。教师应在教学中积极地去积累元认知体验的情境，并引导学生产生元认知体验，这样的教学情境和教学氛围会帮助学生学以致用，兴趣倍增，以此提高学习效果。

3. 提高元认知监控能力

元认知的培养需要提高学生的元认知监控能力。元认知监控不仅需要通过学生个体内部的反馈来实现，还需要外部的环境作用，营造良好的学习环境和教学氛围可以更好地引导教师从外部反馈作用于内部反馈。心理学家认为迁移是一种学习对另一种学习的影响，学生的迁移水平在某种程度上也体现了学生的元认知水平。

二、元认知理论在日语教学中的应用 —— 以日语初级听力教学为例

（一）元认知理论在日语初级听力教学中的指导意义

所谓元认知理论，就是元认知知识、元认知体验和元认知监控三者有机动态的结合，即选择有效认知策略来控制、指导、调节认知过程的执行，其本质是人对认知活动的自我意识和自我控制。

听力是一种有目的的、积极提取有效且关键的信息行为，而听力理解则需要听力活动的主体对于输入的语言信息进行解码、加工、意义重构和输出，在这一过程中，主体的积极参与显得尤为重要。

作为一名语言教师，与传授学生一种语言技能相比，教会其如何听、如何学、如何用正确的思维习惯和方式合理规划、监控、评估学习过程似乎更为重要，尤其是在语言学

习的初级阶段，这也就是元认知理论在日语初级听力教学中的指导意义。

具体来讲，就是彻底激发学生的内在动力和学习热情，让学生自觉主动地设置学习目标，制订学习方案，选择学习内容，设计学习环节，调整学习进度，评价学习效果，从而引导学生养成良好的语言学习习惯。

（二）教学流程设计

所谓教学模式，就是教师教学理论或教学思想的反映。任何一种教学模式除特定的理论指导与支持外，都必须具备与其理论框架相适应的逻辑步骤和操作程序，也就是说，某种教学模式的选择，直接影响了教学活动的流程和教学行为规范。

1. 课前计划与准备

课前准备阶段，是整个教学过程的准备阶段，也是保证这一教学模式顺利实施的最重要步骤。简单的课前准备，学生盲目地听，难以实现预期效果。在这一环节中，教师应当首先对学生的听力理解能力、知识掌握程度以及现有的学习方法等情况进行评估，并以此作为授课基础，开展后续的课程设计。

此外，教师需要对本课所涉及的内容、文化背景进行梳理和剖析，将课程与学生已有的认知水平和知识结构相联系，合理选择授课的难易程度，并帮助学生了解听力材料以及每课的教学目标，进而有效调动学生的学习积极性，让学生根据自己的实际水平和情感接受能力，自行制订短期目标和实施方案。授课材料的难易程度选择也尤为重要，过于简单的材料，会导致学生无须使用任何策略；而过难的材料，又会使他们没有时间去考虑如何运用恰当的策略。

2. 过程指导与监控

过程控制阶段，是整个教学过程的实施阶段，也是教师检验学生学习效果的主要手段。过程监控不等于简单的课堂提问检查，而更需要教师在这一过程中，对学生的课前准备情况进行准确的指导。学生执行自己所制订的学习计划，并对学习过程进行有意识的自我监控，从而分担了教师的部分课堂教学压力，为教师观察和监测学生的学习情况，并针对不同学生进行分层次的讲解和教学，提供了充足的时间。

在实践中，根据一年级学生学习中所遇到的问题，教师的主要时间用在了指导学生掌握语音识别、选择注意力、词义猜测、逻辑推理、图解速记等听力理解策略方面，引导学生合理利用这些策略并进行有效的调节和监控，从而帮助学生有效利用课堂之外的自学时间。

3. 课后评估与调节

学生完成每节课的学习计划后，对这一阶段学习过程的评价和反思，是整个教学流程的重中之重，它直接反映了每个阶段的教学目标的达成度和教学效果。在此阶段，教师要指导学生主动对自己的学习过程进行分析和评价，如是否达成了最初设定的学习目标、在听力策略的使用方面是否合理有效、在本课学习中还存在哪些问题和不足等，为更好地进入下一阶段的学习做好准备。

这一阶段中，学生的自我评价是否准确、是否合理，会直接关系到整个教学模式能否顺利实施。学生对自身学习效果评价过高，可能会养成轻浮、不深入的不良学习习惯；评价过低，则会打击学生学习的积极性。因此，教师必须对学生的自我评价情况进行有效监控，帮助学生进行正确评价。

（三）教学实施细节及问题分析

1. 建立"听力日记"，辅助学习

为做好积极有效的课后管理和整体把控，笔者在教学中，要求学生每天至少要进行30分钟的听力练习，并在完成任务后，对自己当天的学习过程进行分析和评价，包括目标的完成度、练习中遇到的问题、自己的薄弱环节以及自己的想法与改进措施等。学生将这一切以"听力日记"的形式进行呈现，教师则可借此对学生的学习情况进行实时监控。

2. 激发学生的学习兴趣

语音听力训练阶段的关键在于消除学生的胆怯心理，激发学生的学习兴趣。新生在开始接触听力时，常会因日语的语速过快，弱化、吞音、音变等语音现象而感到畏惧、紧张甚至疲惫。这时，首先要尊重学生的认知发展规律，消除学生这种不安、焦虑的负面情绪，从而给学生营造相对轻松的学习氛围。教师要求学生选择一些自己感兴趣的内容进行听力练习，任务目标降低到能听准发音、记录自己学过的词即可，从而让学生在语音阶段轻松过渡。

3. 督促语言知识的积累

进入基础听力训练阶段，培养学生的元认知意识、调动学生的主观能动性又成为关键，其难点是对学生完成情况的监控。教师可在课前将要出现的生词、句型、知识背景、听力要点等进行归纳整理并下发给学生，要求学生根据自身的实际情况制订合理的学习计划、调整学习进度。通过随堂小考来检验学生跟读练习的完成情况，直至学生养成良好的学习态度和学习习惯。

4. 指导听力策略

在学生的"听力日记"中，笔者发现诸多共性问题，如语速太快听不清、听不到全部内容就无法理解句意、单词没学过听不懂等。笔者在实际教学中引导学生，要让自己习惯听不清、听不全、听不懂，从而消除学生的完美主义心理。

学生要做的是能够有目的地在语流中提取自己需要的关键信息，根据语境、语音、语调、语气和上下文的逻辑关系等，对所听到的内容大意进行推测，而教师则要培养学生掌握这种策略和灵活运用这种策略的能力。

（四）教学效果评价

1. 课程目标设定

（1）培养学生较灵敏的听觉辨别能力，能识别清音、浊音、促音、拗音、长音、多音节组合等声音符号，掌握日语语音的弱化、无声化规律，理解常见的语音变化现象。

（2）培养学生在语流中识别单词、辨别同音词和同义词的能力。

（3）培养学生的听解策略能力，在情境对话中，能根据上下文的逻辑关系和思路的脉络猜出没听懂或没听清的词和词组的意思。

（4）培养学生迅速捕捉重点内容、提取关键信息的能力，理解整段会话语言表达的大意，理解内容不低于70%。

（5）培养学生的速记和概括能力，能以较快的速度大致记录下所听的内容，能将所听的话题和内容大致复述出来。

（6）使学生在听力能力提高的基础上，逐步养成用日语思考和表达的习惯。

2. 考试题型设计

在考试题型设计方面，充分考虑学生的整体趋向性和个体差异性，分别设有假名识别、听写单词、短对话、长对话、提取关键信息填空、原文填空、概括并回答问题以及听写句子等题型，不仅考查学生基础语音、知识的掌握情况，还进一步考查学生分析、推理、概括等综合能力的达成情况。

元认知理论指导下的日语初级听力教学模式，对于促进学生的认知水平，加强学生自主学习、自我管控能力的培养，提高学生听力水平和日语综合应用的能力，都有非常积极的指导意义。在教学实践中，还需要建立更加完善的课后管理和日常监督机制以及更加健全的教学效果评价体系，让元认知理论指导下的日语初级听力教学模式更加健全和完善。

第四章

翻转课堂理论与日语教学实践

第一节　翻转课堂概述

一、翻转课堂的相关认知

（一）翻转课堂研究的必要性

随着数字化时代的到来，高等教育正在悄然发生一场革命。数字化技术飞速发展，促使知识获取的方式发生了根本变化。以教育信息化引领、构建以学习者为中心的全新教育模式正在逐步走进课堂。

信息技术及多媒体技术的发展，在教育界引起了很多教学模式的改变，课堂上不再是一块黑板，只有教师和学生，而是多了计算机、投影仪等多媒体设备。

传统的课堂情况，是以教师为中心的，学生被动地听教师讲授知识。而学生的学习水平又参差不齐，很难保持在同一水平上。为了改变这一现象，多年来很多教育专家提出了各种理念，进行了多种教学改革，而现在教育界流行的优秀教学模式就是"以学生为中心"，从以教师为中心到以学生为中心的教学理念直接影响着课堂教学模式。

随着信息技术的飞速发展，在多媒体社会的发展背景下，教育行业内也产生了一些新的教学模式。其中，翻转课堂教学模式就是一个适应时代发展的具有颠覆性的教学模式。在我国，传统的教学模式是以教师"教"为主导，而翻转课堂则是以学生"学"为主导。

在当今信息化时代下，传统的教育方法已经不能满足现在学生的需要，教学效果也很难跟上社会发展的步伐。特别是近年来随着现代教学媒体技术的发展，出现了"微课""翻转课堂"等多种教学形式，其在外语教学中也越来越多地受到重视，自投入使用以来取得了显著的成效。

当前高校课堂教学改革也正在经历着各种改变。其中最受关注的就是改变以往的"以教为中心"向"以学为中心"发展的这种教学理念。而翻转课堂教学模式能够完全做到以学生为主体，让学生主动学习。我国在翻转课堂领域的研究起步较晚，仅有四五年的时间，就目前来说，实践研究和理论研究都还处于探索研究的初级阶段，基础比较薄弱。

目前国内对翻转课堂的研究大多在文献综述和总结上，详细介绍了国外的翻转课堂教学模式、教学流程，也作出了自己对这种翻转课堂模式的观点评价，然而在符合我国国情的教学上的教学实验实践研究却比较少，经过实践得出结果的研究更少，且不够深入，仍处于起步探索阶段。

（二）翻转课堂的概念

1. 翻转课堂的内涵

翻转课堂虽然是近几年才衍生的一个新的概念，但按照字面意思，重新整合了授课的教学过程，颠倒了知识的讲授过程与知识的吸收消化过程。具体来说，翻转课堂可以分为两个部分，即课前与课中。

课前经过教师团队讨论制订的学习方案和教学视频，通过网络等媒介提前发给学生。内容包括音频、教学视频、详细的学习任务单等，供学生提前进行自主学习，让学生进行互相交流，提出问题解决问题，实现知识的传递。

翻转课堂是指在课堂上，通过小组之间以及小组成员之间的交流和讨论来完成知识内化的一种新的教与学形式。课堂上，教师通过测试等及时了解学生学习的情况，针对学生遇到的问题及困难给予及时有效的辅导和解答，学生也可以把自己遇到的问题在学习小组中先与同伴交流，互相解答疑问。如果同伴之间无法解决的问题，经过交流、总结之后，再带到课上与其他小组成员交流讨论，解决不了的疑问都可以请教师帮忙，最后老师会布置一定量的作业让学生当堂完成，对学生的掌握情况进行评价。

经过如此反复的过程之后，最终可以形成一个终极性评价。在这个过程中，翻转课堂教学模式下的课堂就是学生对知识吸收内化的过程。另外，与传统教学模式不同的是师生之间的角色的转变。教师从以前的绝对主导者变为学习过程的协助者、辅导者。学生从以前的被动者变成了学习主动者。只有真正拥有了自主权，才能明确学习目标，掌握学习速度，并对所学的知识内化并吸收，成为课堂的主人，不再被动地接受知识。

2. 翻转课堂教学模式的特点

传统的教学过程一般是教师在讲台上讲，学生在下面听，也就是知识输出和知识输入的过程。课上通过教师讲授学习知识，课后通过教师布置的作业巩固复习并吸收知识。而翻转课堂就正好颠倒了这个过程。

教师首先通过信息技术手段发布教学视频作为家庭作业，让学生在家里课后提前完成，即提前完成吸收知识的阶段，然后在课上通过小组讨论、生生互动、师生互动、提出问题来进行知识的吸收消化。特别是在课上遇到问题时，教师能够及时给予解答和帮助，更加有利于学生的知识建构。与传统课堂教学模式相比，翻转课堂有以下四个特点。

（1）教学流程的改变。翻转课堂不同于传统课堂，彻底颠覆了课程流程顺序，传统课堂是课上教师讲解知识，学生学习吸收知识，课后学生通过教师布置的作业任务巩固复习知识。而翻转课堂则是课后学生提前通过教师发布的学案、教学视频自主学习，先自行进行吸收知识的过程，如果遇到不懂的问题可以暂停观看，做记录，还可以与小组成员进行交流讨论，学生在课上进行知识的吸收消化，生生讨论，师生讨论，互相交流，以及疑难解惑等。

（2）师生角色的改变。在传统课堂中，教师在讲台上单方面讲授知识，是课堂的绝对主导者和知识的绝对传播者。学生则是坐在下面听讲，被动地接受知识，是课堂纪律的遵从者、课堂中的服从者。而翻转课堂中，教师由原来高高在上的灌输者、主导者转变成教学活动中的指导者、参与者，加入学生当中与学生一起进行讨论，学生也由原来台下被动的接受者转变为讨论交流的主动参与者，所以积极性大为提高。

（3）课堂时间的改变。传统教学模式中，课堂上的时间基本上是教师在支配，以教师讲、学生听为主。而翻转课堂教学中，课堂上的大部分时间都由学生支配，教师只起到一小部分作用，教师在课堂中起到的作用只是帮助学生、引导学生，在课堂上讲授知识的时间大幅缩短，这是翻转课堂的一个重要特征。翻转课堂模式下的学习时间大多转为课后提前学习，学生在课后通过线上资源吸收内化知识。极大地延长了课堂上师生之间教与学互动的时间。但翻转课堂的关键之处在于教师如何组织课堂学习活动来实现课堂时间的最大化，从而得到最高效化的利用。

（4）学习资源的改变。传统的教学模式中，教师在讲台上讲课，讲过的知识点一次性过，学生很有可能漏听、误听。而翻转课堂教学模式中，课堂由传统的课本、板书或幻灯片转变为教学视频。学生可以在课后反复观看视频，遇到不懂的问题还可以随时暂停或倒回去重新看，相当于反复地听老师讲解，反复地重复课堂，不用再担心因为犯困走神等原因而导致的漏听、误听的问题。学生可以按照自己的学习节奏随时暂停、多次重复播放，并可以随时做笔记、做记录。教学视频成功突破了传统课堂中学生被动的学习，打破了以往按部就班的学习，使学生掌握了学习的主动权，实现了自定节奏的学习。

（三）翻转课堂的优势

1. 有助于学生自己掌控学习进度

在翻转课堂教学模式下，学生可以根据自身情况、学习时间来设定安排和控制自己的学习节奏，而不必去追赶理解能力和学习节奏快的学生，也不必等待理解能力和掌握速度慢的学生，完全可以在课后、在家里观看老师发布的教学视频，能够真正地实现分层次学习。

学生在观看视频时看得懂的地方可以选择快进跳过，遇到不懂的地方、疑惑时，可以暂停或重看，反复观看，也可以做笔记、做记录，甚至可以通过在线聊天工具及时地与同伴交流讨论，也可以利用在线测试等平台及时地把问题反馈给教师，以得到有针对性的指导。

2. 有助于学生整体素质的提高

目前我国推行的素质教育，要求以全面提高全体学生的基本素质为根本目的，尊重学生的个性，注重创造能力、自学能力的培养。翻转课堂的教育旨在培养学生的整体学习能力和全方位发展的人才，翻转课堂要求学生能够在没有教师讲解的情况下自己学会理解知识，锻炼学生的理解能力。

翻转课堂要求学生在遇到问题时可以找到同伴合作解决问题，培养学生之间的合作能力。翻转课堂还要求学生发现问题，提出问题，培养学生的求知欲、探究能力。翻转课堂不仅丰富了教学内容，扩大了知识量，拓宽了学生的视野，还对学生综合素质的培养具有显著作用。

3. 有助于"教"与"学"的相辅相成

翻转课堂的核心就是学生能够从被动学习转为主动学习。并非只是单纯地观看视频，提前预习，是对传统教学方式的一个彻底翻转，真正做到从"教"到"学"的一个转变。

"教"是指传统教学方式，由教师主动传授知识，学生被动接受知识，学生在"教"的过程中一直处于较为被动的地位。而转变后的"学"，则是学生由被动地位转变为主动地位，一切以学生为中心。

在"学"的模式下，学生课前观看视频需要思考，与同伴交流讨论需要思考，体现了学生善于思考，而非被"灌输"。还体现在课前，学生可以有大量的自由时间思考并探究问题。最后还表现在多种行为的融合，"学"可以将学生的记忆、理解、思考、应用等多种行为很好地融合在一起，从而训练学生全方位发展。

4. 有助于信息化社会的发展

《新媒体联盟地平线报告（2014 基础教育版）》指出了六项新技术对基础教育有着重大影响。其中，计算机、智能手机、平板电脑、电子读书器等设备带到学习活动环境中被更多的教育机构采用，让学生能够亲自体验实践来掌控自己的学习。

在这个时代背景下产生的翻转课堂教学模式颠覆了"教"与"学"的过程。在这种环境下促使学生改变学习方式，培养学生整体素质的发展，使学生成为创新性技术人才，这种信息技术远远超出了辅助工具的概念，成为教育发展中不可缺少的工具和要素。

（四）翻转课堂的作用

1. 师生关系方面

师生关系在教学中起到至关重要的作用，学生如果对哪位老师有抵触情绪，那么对他所带的课程很有可能也会有抵触情绪。有什么样的师生关系，就有什么样的教学模式、教学策略和方法。传统教学中教师一直站在高高的讲台上，容易给学生造成高高在上不敢提问的错觉，但翻转课堂要求教师走下讲台，走进学生当中，这无形中拉近了学生与教师之间的关系，缩短了距离感，降低了等级差，从而给学生平易近人的感觉。

2. 学生方面

在翻转课堂教学模式下，学生从以往的被动接受知识转变为主动探究知识、吸收知识。学生在课后，可以通过网络获取学习资源，可以自主掌控学习时间、学习地点、学习进度和学习量，遇到不懂的地方还可以利用网络向小组同伴或教师寻求帮助，从而完成新知识的学习。翻转课堂教学模式最大限度地为学生提供了宽松自由的日语学习环境。

3. 课堂教学方面

课堂气氛活跃，学生由于有在课前观看视频时遇到的疑问，提前准备好了问题，所以会把问题带到课堂上，与小组成员讨论交流，互相学习。能够积极地参与到课堂讨论之中，当遇到小组成员解决不了的问题时可以请教师帮忙，所以学生与老师之间的互动也更加频繁。

相比于传统教学模式，翻转课堂教学模式增强了学生对教师的依赖，可以让学生做到有问题就问而不是因为害怕教师不敢问。语言的学习要求学生能够大胆自信地讲出来，而不希望成为哑巴外语。活跃的课堂可以带动学生主动张口，不怕错误不怕失败。

二、翻转课堂的理论依据

（一）建构学习理论

瑞士心理学家皮亚杰最早提出了建构主义学习理论。建构主义的知识观是对传统课程和教学理论的一个巨大颠覆。认为只能由学生自己来建构完成对知识的接收和吸收，以学生自己的经验为背景，来分析知识的合理性。在吸收知识的过程中，学生还要在学习新知识的基础上重新理解分析新知识，并且要对新知识进行加工、建构，完成分析、检验和反思评价的过程。

建构主义的学习观认为知识是要由学生自己建构的，就是要求学生主动去获取知识、获得信息，把学习的主动权掌握在自己的手中，彻底改变主动权掌握在教师手中的现状，不能单纯地只由教师输出知识，学生也不能再简单被动地输入知识。

建构主义的教学观强调重视学生学习的主动性、社会性和情境性。认为教师应改变以往的教学模式和方法，应该从高高的讲台上走下来，走入学生当中去，改变以往单方向的知识灌输，不再做一个知识的灌输者、主导者，应改变课堂上的权威象征。

教师应作为学生在学习过程中的引导者、辅助者、学习的伙伴，应该与学生以一种合作的关系存在。学生应从被动学习者转为主动学习者，应当在学习过程中，作为学习的主导，主动用教材、课件、视频等工具输入知识，然后再经过建构知识，归纳重点，然后总结学习方法。建构主义理论的核心观点强调学生在学习中的主观能动性，在学习方面，要想获得知识和信息，要想取得成功，就必须靠自己的努力去获取，然后经过自己的理解加工，转换为复杂的信息，进一步吸收内化知识。由于建构主义的教学策略也经常被称为以学生为中心的教学方式。在以学生为中心的课堂中，教师则由课堂的"主宰者"转为"辅佐者"，教师的作用则是帮助学生去发现知识，获取知识，重新加工知识，从而帮助学生建构全新的信息。

翻转课堂正是以建构主义为理论基础，教师学生角色转变，让学生实现独立学习，培养学生主动探索知识的综合能力，而教师则在翻转课堂中起到一个辅助引导的作用，与学生更像是合作伙伴，相辅相成。

（二）掌握学习理论

1. 掌握学习理论的概念

掌握学习理论是由美国教育家、心理学家本杰明·布鲁姆在 1968 年提出的，旨在解决个体差异的问题。布鲁姆认为，不是给所有的学生提供相同的教学时间，使学习结果产生差异。反而，教师应该给不同的学生不同的时间，以便让所有的学生都能在同一水平上同步前进。应该根据不同学生给予不同的指导和帮助，以便让学生们一直处于同一学习水平。如果学生有某种方面的学习困难，那么就应该给予这些学生更多额外的指导，确保学生全部掌握。只要给学生足够多的时间、给予适当的教学和个别的帮助，学生就能够掌握所学内容顺利进入下一个学习内容。他反对只有少数学生能够取得优异成绩，认为大多数的学生都能够学好功课，学生之间学习成绩好坏的差异在于学习所用的时间以及理解问题的速度，大部分学得慢的学生也可以通过大量的时间和正确的指导取得与成绩好的学生一样的成绩。

2. 掌握学习理论的形式

在有关掌握学习的研究中，提倡在正常的课堂之外进行额外的教学，比如课后、课间、放学后。如果有学生在课堂上没听懂、没理解、没有达到教师要求的学习目标，那么教师就会在这些时间里给这些学生提供额外的改正补充性教学，直到他们达到教师要求的学习目标。

掌握学习的一种形式是：依据学生掌握的不同的学习情况来灵活调整教学时间。为那些需要继续学习基本概念的学生提供矫正性教学，让其他学生做一些扩展性的作业。

翻转课堂教学模式，能够使掌握学习得以真正实现，借助信息技术的支持，使得个性化辅导，正是给予了学习者大量的学习时间，使理解能力不同的学生也能够通过课前自己安排时间依照自己的节奏提前学习，完全由自己主导自己，认为简单易懂地并掌握了的内容可以快进或者跳跃地观看，没看懂或没掌握的内容可以暂停观看，反复观看，可以停下来做笔记，把问题记录下来。之后，在课堂上活动更具针对性和人性化，以师生互动、生生互动、讨论交流的形式来发现问题、解决问题。

翻转课堂的教学模式可以通过形成性检测方式，及时发现学生在学习过程中存在的问题，及时通过矫正性辅导，使学生达到掌握知识的目的。课堂上老师根据学生的不同情况采取有针对性的教学方式或指导，使学生的学习积极性提高，学习自主能力提高，保证学习质量。

（三）人本主义理论

人本主义理论的代表人物是马斯洛和罗杰斯。他们要实现人的尊严、体现人的价值、发挥人的创造力和实现自我，认为发挥潜能的本质就是要实现自我，而潜能则是一种类似本能的性质。

认为心理学的研究必须从人的本性出发。认为教师的主要职责任务不是向学生单方面地灌输知识，而是应该尊重个体，为学生尽可能地提供各种有利于学习的资源和环境。为学生创造平台，让学生把学习的主动权真正地掌握在自己手里。

人本主义的教学观念认为，教学过程的本质是在相互尊重的基础上的一种互动，师生之间、生生之间应建立一种平等、民主、互利的，相互认同、相互尊重、相互理解的情感性的新型关系。

强调学生自主学习，自主建构知识，合作学习的能力。强调以人为本，即学生的自我发展，强调挖掘人的创造潜能，强调情感教育。

人本主义理论赞同学生具有个别差异性，人作为个体也具有个别差异性，不同的人有不同的思考。从这个角度上说，即使是教师，也存在着或多或少的差异，即使使用了相同的教材相同的课件视频等教学方式，传达给学生的知识内容也未必相同。所以，教育不能脱离学生，要从学生的个体出发，给予学生充分的尊重，充分理解学生之间的个体差异，因材施教。

在教学过程中以学生为主，一切都是为了学生，促进学生全方面、全身心整体发展。让学生成为一个真正独立的具有思考能力的个体。

在翻转课堂教学模式下，学生变成了主体，需要学生在课后通过教师发布的视频和学习方案独立完成知识的建构，课上师生之间、生生之间进行讨论、交流等一系列互动来促进知识的内化，教师会对重点难点做出有针对性的解答。这种方式正是做到了针对性差异化学习，强调学生的自我发展，对教师起到助学者的作用。

第二节　日语教学导入翻转课堂的意义

一、翻转课堂在日语教学中的优势

（一）增强师生互动

传统的课堂教学，通常由"预习—课堂讲解—课后练习"三个环节组成，其中"预习"和"课后练习"环节需要学生课后实现知识的自我内化。而"课堂讲解"环节，以我校"中级日语"课程的传统课堂教学为例，教师一般按照"复习前课—导入新课—课堂讲解—课堂总结—布置作业"的教学流程，来设计自己的课堂教学。从课堂时间安排来看，一堂 90 分钟的课程，除去前 15 分钟的内容复习，最后 10 分钟的课堂总结与作业布置外，新课的课堂讲解大约占 65 分钟。在这将近 70 分钟的时间里，以教师的课堂讲授为主。总体感觉而言，教师在追赶教学进度、认真讲课的过程中，师生互动不够，也没有留给学生更多提高语言实践能力的机会。

与传统课堂相比，"翻转课堂"在增强师生互动、培养学生的主观能动性、提高学生学习兴趣等方面有其独特的优势，在课堂中增加实践机会，解决了有限课堂时间内学生语言练习时间不足的问题，有助于提高学生学习的积极性。打破统一的教学进度，学生可根据自身情况开展自主学习，有助于缩小学生之间的水平差距。

（二）培养学生的主观能动性

翻转课堂，即对课堂内外的时间进行重新调整，学习的决定权发生转移，从教师变为学生。因此，在翻转课堂教学模式下，课本中的教学内容需要学生在课前通过观看教师制作的微课、查阅资料等方式完成自主学习。学生需要自主规划学习内容与节奏，教师则需采用引导与协作方式，让学生通过实践获得更有效与真实的学习。与之相对，课堂则成了师生互动的场所，主要包括答疑解惑、所学知识的实践运用等。简言之，教学形式由传统的"教师课堂教学＋学生课后自学"翻转为"学生课前自学＋教师课堂检验＋学生课题实践"。这种教学模式的转变，使课堂的作用发生改变，学生不再单纯依靠教师来获取知识，教师更多的责任是理解引导学生去更好地自我学习和运用知识。

学生参与课堂实践，有助于提升其发现问题、解决问题的能力，并能增强其学习兴趣；同时学生通过与同伴的配合，可以培养个体的团队意识及协作能力。评价方式由终结性评价向过程性评价转变，学生自评、互评、教师评价的多元化课程评价，有助于提高学生对语言应用能力的重视，从而激发语言学习的积极性。

因此，在大学日语专业"中级日语"课程的课堂实践中适当引入翻转课堂模式，有助于提高学生的日语综合运用能力，是突破当前高校日语教学发展困境的有效教学手段之一。

二、翻转课堂在日语教学中的不足

（一）缺乏优质课前学习资源

作为翻转课堂的开展基础，学习资源的质量及数量非常重要。目前，可供学生参考的日语教学资源较少，多为网络上有限的电子资料及视频，且不能与教材实现完全匹配，进而影响了教学效果。这种教学资源短缺问题对今后日语专业教材配套视频的开发提出了要求。同时需要教师不断完善个人专业能力及计算机应用能力，并制作更多高质量的教学材料。

我国最大的日语教学基地在东北，各大院校普遍设有日语专业。而各学校日语专业普遍存在的问题是日语专业学习和英语不同，绝大多数学生基本都是进入大学专业后才从基础开始学起而非在中小学就有接触，但专业学生中也包含了极少数的小语种日语生。日语新生数量不够单独设置班级的情况下，就只能和非日语生进行混编。在传统课堂上，当大多数学生都在认真学习基础时，对于少部分日语生来说，就是在浪费课堂时间。当老师讲到某一知识点问询学生全体是否听懂时，由于日语生的快速理解，也会影响非日语生的学习心理和积极性。因为学生学习能力的高低，学习快慢的现象也存在于都是零基础的班级。于是很多院校在学生学习了一定阶段后，进行分级教学，把学生按照学习能力进行重新划分。

（二）师资队伍综合能力亟待提高

教师作为翻转课堂的设计者，既需要在课前设计学生自主学习环节及学习指导方案，制作学习资源包，又需要在课堂中组织、管理实践活动，及时处理学生实践中出现的问题，负责学生学习信息的统计。这些环节不仅对教师的专业能力和管理能力提出较高要求，同时也在计算机及软件应用方面向教师提出了严峻挑战。

目前，我国日语专业教师多以年轻人为主，教学经验及专业能力相对不足；另外，日语教师多为文科出身，对计算机及视频制作软件等新型教学辅助工具的应用不够熟练。面对这些挑战，教师需更新传统教学观念，通过培训学习、经验借鉴等形式，在提高个人专业水平及课堂组织能力的同时，也培养自身计算机、软件操作能力。

（三）自主性差的学生不适应新型教学模式

研究者通过问卷调查发现，学习自主性较差的学生对翻转课堂认可度较低，不适应新型教学模式。这些学生对以教师为主导的"填鸭式教学"已产生依赖，不愿在课前进行知识学习，所以无法完成学习任务，进而影响其课堂活动参与度，导致成绩下滑，学习热情减退。这一问题的出现，也对教师监管学生自主学习提出了新的要求，需要教师在实践中对此类学生进行有针对性的监督。

（四）语言学习环境有待提高

语言的学习是需要语言环境的，由于课堂上需要大量讲解单词及语法内容，会导致学生学习课堂上日语使用率低下，不能保证每个学生都做到在课堂上对所学到的知识点及时进行反馈练习和错误纠正。此外如果教师用纯日语授课也会使很多学生由于听不懂而出现理解的偏差，不能有效提高学习效果。原本在基础课上学习的知识点可以利用会话、听力等课程进行专项练习，而由于每门课的独立性，教材的不一致性，课程时间的前后设置等也很难进行各门课程内容的高效结合。现存的情况基本上是每门课程都会有一定的新单词、新语法，从而导致学生学习负担加重，或者重复单词、语法理解使课堂时间利用效率低下。

学习一个国家的语言就要具体了解一个国家的文化背景。日语文字虽起源于我国文字，但两国文化又有很多相似之处，对于国内日语初学者来说，会认为日语很简单。由于早期的倦怠及习惯的养成，随着学习的深入，问题就会逐渐显现，甚至在对日本文化的理解上也会出现很多问题进而造成语言能力的不足。为了更好地了解文化背景提高语言能力，很多院校都开设了日本概括等相关课程，但很多学生由于学习的孤立性，很难把课程内容进行融合，进而导致课程学习效果不明显。

外语的学习是一个需要时间积累的过程，由于当前的学生课余生活丰富多彩，课后学习时间越来越少，计算机、手机的普及、网络的应用等如何更好地引导学生进行学习，而非下课了就玩游戏、看直播，也是一个现存的关键问题。有的学生因为控制不住自己，也会在课堂上玩手机游戏，即使很多学校采取了无手机课堂等方式，也会让学生采取更多的办法应对，甚至课堂上由于参与度不足、互动不够即使没有手机也不听讲，所以没有找到问题的根源。

人本主义认为人作为个体具有个别差异性，不同的人有不同的思考。不管是老师还是学生每个人都是不同的个体，即使学习相同的内容接受程度也绝对不同，即使老师使用同样的教材同样的教学方法，传达给学生的知识内容也不一定相同。在翻转课堂模式下，学生变成了主体，理解能力不同的学生能够通过课前自己安排时间依照自己的节奏提前学习，完全由自己主导自己，学习存在的问题也是独立的。前文提到的基础不同的学生在翻转课堂的教学模式下可以完全进行自主掌控，有基础的、学习效率高的学生，如果简单易懂的知识点已经掌握了，那么可以快进学习其他知识点；没有基础的学生可以反复学习，不会出现课上老师讲过的知识因为走神等问题没有当堂掌握而错失了对这个知识点的学习，也不会因为同教学班学生学习效率差异而导致其他问题出现。

翻转课堂同样可以解决因每门课程中知识点重复而浪费课堂时间的问题。讲解某个需要文化背景的知识才能更好地理解的语法点也不需要觉得因浪费本课程时间而忽略或依靠其他课程，可以更有效地按照知识点进行学习而非按照课程进行学习。由于翻转课堂的自主学习是在课后进行的，也可以更有效地提高学生对课余学习时间的利用。课堂上可以更好地进行学习效果的检验和语言实际使用的训练，提高课堂的参与度和互动性，调动学生参与课堂的积极性，从而提高教学效果和学生的学习效果。

三、日语教学导入翻转课堂的可行性

（一）日语教学导入翻转课堂的效果

（1）教师方面。目前高校日语教师队伍中，年轻教师比例较大，他们一般创新意识强，易于接受新事物，勇于探索新型教学模式，并具有良好的信息技术能力。

（2）学生方面。大学生具有较强的自主学习意识及自我管理能力，能够自觉完成翻转课堂中的课前学习及课堂实践；同时，大学生处于易于接受新事物、善于展现自我的年龄阶段，有助于语言实践的展开。

（3）教学环境。随着互联网技术的发展，开展网络学习的设备逐渐普及，为翻转课堂的开展提供了硬件支持，同时日语网络资源的开发及学习平台的设计也为开展新型教学模式提供了便利。

（二）日语教学导入翻转课堂的原则

高校日语教学导入翻转课堂应遵循一定的原则，避免导入过程中的盲目性、形式化，以保证课堂环节的合理设计及课堂实践的有效开展。

1. 整合设计原则

教学模式改革应从课程设置、教学内容等多方面入手系统推进，并要结合教学计划、人才培养方案等，对专业课程中开展翻转课堂的课程种类及课时进行合理安排。

2. 以教材为中心的原则

教师应在考虑教学目标、学习者的基础、知识点间的联系及学科属性的基础上，以教材为中心，针对重点、难点进行教学活动的翻转，系统性地完成知识传授及实践指导。

3. 互动性与针对性相结合的原则

教师应结合教学内容、教学对象等，配合现有教学条件，灵活调整教学策略，开展生生之间、师生之间的有效互动；同时要对不同水平的学生采用不同的指导方法，且有针对性地开展翻转教学。

4. 合理设计课前学习资源的原则

课前学习资源应符合课程教学目标，既要包括指导性的学习任务书、以教材为中心的知识点讲解，也要包括语言练习、测验等内容，以便学生进行有针对性的学习，在学习过程中发现问题、并解决问题。

5. 综合化、多样化考核成绩的原则

在进行考核时，应将考核重心转移至语言应用能力方面，通过对学生课堂表现的自评、互评、师评等方式，引导其重视语言及技能实践。

（三）日语教学中传统课堂发生的转变

过去，大学日语教学多为教师在普通教室讲授，学生被动地听讲，书本知识不灵活，没有结合影音视频等提高学生兴趣的教学手段，课堂互动较少，学生自主学习的时间更少，跟中学的学习方式几乎没有差别，而且学生死记硬背就能通过考试，结果造成学生的厌学心理。

近年来，随着信息技术的发展，大学日语教学也在不断地进行大胆改革尝试。

以日本商务礼仪课程为例，该课程兼具理论性与实践性，旨在让学生掌握相关场面商务礼仪知识的同时，考查学生日语知识的综合运用能力，培养学生对日本文化的理解能力。

该课程的理论性特点是以日语为工具，扩充商务礼仪相关日语词汇、汲取商务礼仪方面的知识；实践性特点是通过各种演练，促进日语语言基础知识的灵活运用，掌握日本商务礼仪等相关知识，培养学生熟练运用商务礼仪的技能。通过分析该课程的特点，可以发现这门课程的教学要可实用性和可操作性并重，力图将理论知识的掌握与实践知识的演练相融合，决不能采取满堂灌式的、单纯的教师讲解。为此，不妨大胆进行课堂教学实验，不断改进教学方法，从而极大地提高了学生的专业素质和专业发展潜力。一是采用课堂讲授与课堂演练相结合的方式。由于讲与练的有机融合，使课堂教学气氛活跃，可以充分调动学生学习的积极性；二是采取灵活多样的教学方法，激发学生学习兴趣，从而提高学生学习注意力。如采取启发式教学法、情境教学法等教学方法，通过角色扮演、情境模拟等教学方式，让学生成为课堂教学的主导，提高学生的语言实际应用能力。三是利用网

络资源、多媒体课件等进行教学。丰富的教学资源，有利于激发学生的学习兴趣，发挥学生的主观能动性，培养学生的理解能力和表达能力。

第三节　翻转课堂应用于日语教学的实践

一、日语教学导入翻转课堂的价值与作用

（一）日语教学导入翻转课堂的价值

翻转课堂与普通的课堂教学存在较大的差异，教师和学生的角色发生了较大变化。

在传统的日语教学当中，教师占据着日语教学的主导地位，是知识的主要传授者，学生是被动地接受知识。而在翻转课堂当中则对学生和教师的角色进行了转换，在翻转课堂当中，教师主要扮演引导者的角色，帮助学生对知识进行学习和掌握，而学生则是课堂的主导者，在课堂上自由讨论，自己选择学习的进度和方法。

另外，教学形式和内容也发生了较大变化。在翻转课堂当中，传统的教学形式发生了很大变化，学生不再是仅坐在教室中听讲，而是可以通过在课外、在家中观看视频来自主进行学习，课堂上则主要是让学生进行讨论以及进行知识内化的过程，这是一种全新的教学理念和模式，在现代的各科教学当中都发挥着重要作用，在日语教学当中也不例外。

翻转课堂教学在现代日语课堂教学当中具有重要的显示意义，一方面翻转课堂教学能够有效提升学生在自主学习方面的能力，将学生的学习主导权完全还给学生，学生需要依靠自己在课后完成日语的学习，缺少了教师的监督，对于学生的自觉性和自制力都是一种锻炼。

在传统的教学模式当中，教师往往容易忽视学生自身的学习能力的差异性，导致学习较差的同学跟不上学习的节奏，而翻转课堂的实施则能够有效提升学生学习的主动性和积极性，从而有效提升学习效率。另一方面翻转课堂的实施能够有效提升课堂教学的利用率。

在传统教学当中，教师在课堂上主要负责向学生传授知识，缺少与学生之间的互动，翻转课堂的实施使教师能够充分利用课堂上的时间来回答学生有关教学知识方面的疑问，为学生及时解答疑惑，从而有效利用课堂时间来扩展学生的知识面，帮助学生提升自身的学习效率。

（二）日语教学导入翻转课堂的作用

如今，翻转课堂已被正式应用到高校的日语课堂教学中，通过一段时间的实践，学生对日语学习的热情高涨，并产生了巨大的兴趣，是一个良好的开端和发展。

1. 缩小学生间的差距

在一个班级中，往往有成绩较高者和较低者之分，成绩较低的学生会对学习日语失去兴趣，为了缩小学生在学习日语上的差距，也为了让所有学生共同进步、共同发展，高校将日语课堂的教学模式转变成了翻转课堂，学生可以在课后自主学习，并根据自己的兴趣爱好提升日语成绩，这对接受能力较差的学生来说十分有利。

对于日语理解较差的学生可以在课后反复观看教学视频，可以把不会的知识点记录下来向成绩较好的学生询问，逐一突破难点，提升自己的学习能力，并缩小与其他学生之间的差距。例如，日本动画和电影一直广受关注，《哆啦A梦》《樱桃小丸子》等动画作品，以及《空房间》《远山的呼唤》等电影作品，一直是广为传颂的经典之作。因此，学生可以在课后通过观看日本动画和电影等方式，去提高自己的日语口语水平。

2. 提高学生学习的主动性

翻转课堂的最大优势就是将学生作为课堂的主体，课堂中的所有活动都是围绕学生展开的，学生可以在自主学习以及体验式的学习模式中，感受到学习日语的快乐并及时发现自己在学习日语中的不足和缺陷，从而加以改正和完善，让自己的日语技能和水平不断提升。例如，当今时代背景下的高校学生会追求潮流文化，赶时髦。在日语课堂上，教师可以将我国的流行语改变成日文的类似表达，与学生进行交流，让学生充分感受到日语学习的快乐所在。另外，还可以在课前让学生用日语讲故事以及哼唱歌曲，激发学生对日语学习的兴趣。

在课堂中教师还可以将学生分成几个小组进行对话以及情境模仿的训练，让学生在交流和表演的过程中找到自己的不足。

3. 活跃课堂氛围

翻转课堂摒弃了"填鸭式"的教学模式，学生对日语知识的掌握完全都是自主的、有意识的行为活动。在课堂中教师可以起到引导和带领学生的作用，在班级气氛陷入低潮的时候，及时活跃课堂气氛，让学生们能在愉悦的学习氛围中理解知识。例如，在课堂气氛陷入尴尬的局面时，教师可以通过为学生播放有趣的日本视频，以及用日语来讲述日本最近发生的新闻等，激发学生的学习兴趣。甚至，教师可以经常组织学生做一些游戏活动，如撕名牌、谁是卧底等游戏，在整个游戏的过程中，让学生用日语交流，激发学生的斗志，增加学生对日语学习的信心，同时充分调动了课堂气氛，达到了一举两得的效果。

二、日语教学过程中翻转课堂的应用

翻转课堂是从西方的教学模式中引进的一种教学方法。翻转课堂的加入改变了学生与教师在课堂中的传统地位，从以教师为主导的课堂，到教师将更多地变成学生的导师，以激发和启迪学生为主，让学生自行理解、自行探索日语学习中的奥秘。虽然，在我国的日语课堂中，翻转课堂的教学模式仍处于初级阶段，但我国的学者和各高校的教师仍在不断探索，为学生开发出更利于教学的模式。

传统的日语教学注重的是"听、说、读、写、译"，因此课程也围绕这五方面进行，如"基础日语""日语视听说"（也称为"日语听力"）"日语会话""日语泛读""日语写作""日语翻译"等基本课程，以及各种各样的其他课程。那么是不是所有课程都适用于翻转课堂教学，翻转课堂教学又如何具体实施呢？翻转课堂与混合式学习、探究性学习等有所重叠，它的目标在于学生通过实践获得最真实的学习。

我校通过多年实践教学经验发现绝大多数的日语课程都可以采用翻转课堂的教学模式。但针对课程要明确学生在翻转课堂下的学习目的，优化其学习行为。

（一）课前设计

翻转课堂的课前学习的设计在整个教学模式中是至关重要的，所以要根据具体的教材内容和课程教学目标设计与之相匹配的教学内容和教学活动，可以采取课前学习表的方式把本课程每课的重点、难点、学习方法等归纳后分发给学生，让学生根据自主学习表进行教科书、课件、教学视频学习，也可以让学生进行自主总结以提高学生的参与度和学习主动性。

视频的制作可以先采取微课视频形式，由部分单元、部分课程开始制作，逐渐进行课程整体的教学资源建设，逐步形成具体的、系统成套的课程教学内容。在这个过程中，课程组可以组建教师团队对本课程进行深入研究讨论，制定出最佳的学习方案和教学视频。一定要明确教学目标和学生的学习目标，设计适合学生的学习方案，可以实施几轮后遵循 PDCA 过程，即 Plan、Do、Check、Act 这样的顺序进门，经过不断修改完善形成本门课的资源建设，进而进行大量的、到位的翻转课堂。

课前视频的设计建议不要过长，教学视频中要直接有效地体现教学单元的重点难点，并且在制作教学视频的时候，为了调动学生的观看兴趣，就要保证有一定的趣味性和吸引力。为防止学生听讲时只是为了放完视频即可，可以适当在视频中加入小陷阱，比如适时的提问环节，学生如果不动脑思考、不进行操作视频就无法继续播放等。

学生在课前应做到：首先，下载教师发布的教学视频及课件文档，观看教学视频，提前学习。其次，根据自身情况有节奏地学习。理解能力强的学生可以看一遍，理解能力差的学生可以随时暂停教学视频，或者反复观看，在观看的过程中学生如果遇到不懂的地方可以随时暂停，把不懂的问题及时记下来。然后与小组成员讨论，互相解决自己在观看过程中遇到的问题。最后，以小组为单位确定问题。

（二）课前指导

由于学生目前大多数接受被动的学习、主动性较低的原因，如何指导学生更好地进行课前学习也是翻转课堂提高学习效果的一个重要环节。

首先，要教会学生认真倾听视频内容。学生能否做到认真倾听，是影响整个教学效果的重要因素。同时要引导学生进行深度思考与及时记录并且学会反思。例如，学生认为他们可以通过自己的能力将所学到的语法向别人讲解明白，可是实际应用时自己不会用。教师要引导学生去反思问题是由于当时没有真正理解还是由于没有语言环境造成的。让学生对自己的学习效果有更深的了解，培养学生的观察与分析能力。

其次，由于学生在翻转课堂中占据主体地位，所以学生除了要像以前那样认真倾听教师的课堂讲解外，还要学会协作学习。把学生分成几个人一组，选定组长，进行所学知识的讨论、概括，要求学生要向善于倾听同学的提问和解答，倾听并参与到同学与同学之间的交流之中。通过小组学习让学生互相讨论问题，使学生更容易掌握和理解所学的知识。

（三）课堂教学

由于翻转课堂使所讲授的语法知识学生已经在课前进行了自主学习，那么课堂时间就可以用来进行学习效果的验证以便更好地进行知识的内化吸收。

教师作为辅助者要组织一个互动性良好的课堂。翻转课堂仍然需要教师调控课堂的节奏。根据学生水平能力分好小组，教师要引导各小组之间互相学习。当小组成员讨论难以继续时教师要及时介入，对各组进行分别指导，对学生进行鼓励式教育，激发学生的学习积极性。教师需要认真听、仔细观察、答疑解惑，关注学生的课堂讨论情况。还要监督学生不要做玩手机等与课堂无关的行为。

学生在观看视频的过程中，由于自身学习能力及理解能力、看问题的角度不同等原因，对事物的理解必定有所偏差，在学生之间必定会产生一定程度的不平衡。教师在上课后需要针对学生所观看视频的情况对学生提出的问题进行解答。上课后，教师可进行单元小测验，比如单词及个别语法造句应用，用于检测学生自主学习效果。然后以小组为单位让学生交流对知识的理解，这时教师并不是站在讲台上看学生互相讨论，而是走下讲台，走进学生，与学生一起讨论，当学生遇到问题时，可以及时给予他们帮助。最后，小组确定问题，提出问题，教师和同学共同探讨解答问题。

学生在课前独立探索学习阶段已建立了自己的知识体系，并与小组成员经过合作交流互相指出自己对知识的理解，以组为单位向教师提出问题，组与组之间相互讨论、相互学习，及时向走在学生中间的教师提问，得到解答后再与小组成员一起确定问题，提出问题与别组成员和教师进行探讨。

（四）课程评价

学生的学习效果不仅体现在是否掌握了学习内容，也体现在评价中，无论什么课程学习结束后都要有个评价结果。所以翻转课堂的评价结果也是一样的，由于学习能力的差异，需要看到学生学习过程中的努力而不仅是期末的成绩，所以形成性考核的评价制定就显得尤为重要。

教师可以根据课程情况适当调整形成性考核和终结性考核的比例。也建议不要出现任课教师一家言的情况，要有学生的自我评价，组员的互评、小组之间的评价等。最终形成该门课程的综合评价成绩。

对学生进行评价，其重要的功能之一就是给教师提供教学有效性的反馈。如果教师不知道学生是否掌握了教学的重点，那么这些教师的教学也不能被看作有效的。课堂中的提问、对学生的学习进行观察，这些都能给教师提供有关学生学习情况的信息。

在教学中，为了获得更为详细的有关学生进步情况的信息，进行简短的、经常性的小测验和写作活动，搜集学生有关活动结果的证据，都是非常有必要的。评价也可以用于指导整体的教学改革。

课后完成教师发放的本单元内容测试卷，检测学习效果，及时发现自己对知识的掌握程度，发现疑问并及时反馈给教师，帮助教师发现问题。

三、翻转课堂在日语教学中的优化建议

针对翻转课堂实践中存在的问题，教师可采取如下策略。

首先，保证视频课程资源的准确性及精炼性。为保证学生集中精力，提高学习效率，课程视频资源应控制讲解时间、丰富讲授形式，可尝试综合运用"科技、娱乐、设计"元素制作教学视频。

其次，合理利用课堂时间。教师需培养自身控制课堂能力，在课堂中增加以学生为中心的实践时间，减少知识讲授时间，保证实践机会的高效利用。

再次，对各学习阶段情况进行检测及总结。教师应在课前学习阶段，了解、检测学生自主学习效果；在课堂实践中，评估学生知识内化情况；在课后，教师需对课堂上布置任务的目的性、合理性及完成度进行反思、总结，以提高教学效率。

最后，采用传统教学方式与翻转课堂方式相结合的教学方法。由于日语专业学习者"零起点"的特殊性及每门课程教学目标的差异性，在所有课程中全部开展翻转课堂教学很难实现，所以应在商务日语等实践性、可操作性较强的课程中优先尝试。

第五章

情境式教学在日语教学中的应用

第一节　情境式教学概述

一、情境式教学的研究现状

（一）国外研究状况

外语教学法从诞生之日起到现在已经经历了几个世纪的发展过程，很多教学法在当时名噪一时，有些教学法由于自身存在缺陷被新的教学法替代，有的教学法由于不断地进行自我完善和改进，直到现在仍在使用，如翻译法、直接法、听说法。为了适应时代发展的需要，培养复合型创新人才，国外的外语教学开始从孤立的、单纯的语言教学向语言教学和内容教学相结合的方向转型。我们在这里所说的内容不仅指学生在学校所学的全部学科，也指令学生感兴趣的非学科内容。另外，一些与外语教学相关学科的介入，比如教育学、语言学、心理学，使得外语教学研究的发展发生了变化。之所以出现这种转变有四个原因：重新认识外语学习的目的，外语学习基础的研究，语言和人的认知以及社会意识发展关系的研究，语域理论研究。以上四个方面同交际功能法教学理论的产生和发展密切相关。社会语言学家海姆斯（Hymes）基于乔姆斯基（Chomsky）的"语言能力"提出了"交际能力"这个概念。海姆斯认为，一个人的语言能力不仅包括乔姆斯基提出的能否造出合乎语法的句子语言能力，还包括能否恰当地使用语言的能力。由此，乔姆斯基第一个提出了包含两个方面的交际能力，即语言能力、语言运用的论断。交际法认为，只有在特定的情境中，语言交际活动才可以进行和完成，因此需要通过具体的语言情境来实现交际功能和表达。自 20 世纪 70 年代以来，交际功能法便显示出强大的生命力。目前，在外语教学的过程中培养学生的外语交际能力成为世界各国外语教学的一个重要目标。

（二）国内研究状况

我国的外语教学有其自身的特殊性。尽管我国是外语学习的大国，但是缺乏良好的外语社会环境。正式的课堂教学环境是学生习得语言的主要方式，因此教师的教学在学生外语能力的发展过程中就显得格外的重要。一直以来，语法翻译法是我国外语教学的主要教学方法。随着教学改革的不断推进和新的教学理念的推广，人们越来越觉得语法翻译法存在着很多的局限性。在结合我国的实际情况的基础上，同时借鉴了国外的一些先进的教学方法，我国的外语教学专家和学者创造出许多新的教学方法。视听法在 20 世纪 60 年代被引进国内。20 世纪 70 年代末，具有兼收并蓄结构的情境交际法也被引进国内。情境交际法以基本的语言结构为切入口，在情境中操练语言，使学生在实际的交际活动中学会并掌握使用语言的本领。20 世纪 80 年代以后，我国开始研究整体教学法。这种教学方法注重运用视听教学手段，教学活动都是用外语来组织。20 世纪 90 年代，章兼中总结的情境、结构、规则、功能（交际法），要求学生掌握外语首先要在情境中通过听说活动理解、掌握语音的意义、结构、规律和运用语言的能力，并在此基础上培养理解、掌握书面语言的能力。为落实各项能力目标，《外语课程标准》建议教师在课堂教学中采用实践性强、具有明确任务的"任务型"学习方式，使学生带着明确的任务目标，积极主动地进行学习。在执行任务的过程中，学生通过实践、思考、调查、讨论、交流和合作等方式学习和使用外语，完成学习任务。"任务型"的教学方式除了能够发展学生的语言能力外，还可以强化他们的学习动机，提高他们的学习兴趣，形成学习策略，培养他们的合作精神，增进他们对文化的理解。与此同时，"任务型"的教学方式对于学生综合素质的发展，比如思维、想象力、审美情趣、艺术感受、协作和创新精神有促进作用，并且加快了外语学科同其他学科的渗透和联系。

二、情境式教学的相关论述

（一）情境式教学的定义

情境式教学指的是在教学的过程中，教师有目的地引入或者创设具有一定情绪色彩的、以形象为主体的、生动具体的场景，或者引导学生进入丰富的社会实践活动中，以激发学生的学习动机和兴趣，从而帮助他们更积极地投入学习过程中、更好地理解教材、更好地掌握外语交际能力，并且使学生的身心得到发展的一种教学模式。与传统的教学方法相比，情境式教学融合了语言、行为和情感，激发学生的情感和兴趣是情境式教学的核心内容。

（二）情境式教学的理论基础

1. 克拉申（Krashen）监察模式

对外语教学产生的具有极大影响力的克拉申监察模式是二语习得理论中的一个重要的理论。基于克拉申监察模式的五个假设，输入假设和情感过滤假设为情境式教学的发展提供了坚实的理论依据。那么什么是输入假设呢？输入假设指的是当学习者接触到高于他现有的语言能力水平的第二语言时，能够对其意义和信息加以充分理解，最终产生习得。克拉申将影响学习者和环境之间的情感屏障叫作"情感过滤"。克拉申在情感过滤假设中指出，学生的情感因素，如动力、性格、情感状态，会过滤掉他们接触到的语言输入，对习得语言的吸收产生影响。有清晰明确的学习目的，学生就有学习动力，他们取得的进步就快；那些性格开朗、自信满满的学生可以在不同的学习环境中学习知识，他们就能很快地取得进步；学生若是经常没有饱满的状态、情绪低落，他们学到的知识就会相应地减少，取得的进步自然就会慢下来。因此，日语教师要结合克拉申监察模式理论，将情境式教学应用到日语教学中。准备语言材料的时候，教师一定要考虑学生是否能够充分地理解它们。同时，教师要选择那些和学生生活实际相关的语言材料，以激发学生的学习兴趣，使学生更好地理解语言材料。除了注意语言材料的选取外，教师在教学中还要将情感因素对语言学习的影响考虑进来。教师要改变过去那种将知识一股脑地灌输给学生的教学方式，不断丰富自己的教学手段，通过调动学生的积极性、创建轻松愉快的课堂环境，尽可能地降低学生的情感过滤对日语学习的负面影响。教师在给学生提供足够的语言输入量的同时，确保他们能够充分地理解教学内容。

2. 建构主义学习理论

建构主义理论的代表人物主要有瑞士心理学家皮亚杰（Piaget）和苏联心理学家维果斯基（Vygotsky）。基于皮亚杰的"同化"和"顺应"观点，以及维果斯基的"最近发展区理论"，建构主义形成了自己的知识观、学习观、教学观。

建构主义指出，在教学活动中，学生对知识的主动构建发挥着重要的作用。建构主义的知识观认为，知识并不是对现实的客观反映，它只是人们对客观世界的一种解释、假设，而不是所需解决问题的最终答案。因此，为了让学生充分地理解知识，在教学活动中，教师要根据学生已经掌握的知识设计情境，而不是将自己已有的知识体系强加给学生，要让他们根据自己的经验去构建知识体系。

建构主义的学习观认为，任何学科的学习都是以学习者原有的知识经验为基础的，学生的学习过程也不是单纯的教师把知识教授给学生，而是根据自己的经验背景，把教师教授的知识进行重新的认识和处理，从而获取对自己有益的知识，建构自己的知识体系。

建构主义的教学观认为，教师在向学生传递知识的同时，应重视学生自身对知识的分析和理解，把学生原有的知识经验作为掌握新知识的基础。教师的角色应从知识的呈现者和灌输者变为学生自身知识体系构建的引导者。因此，建构主义主张，在教学过程中，教师要发现并重视学生已经构建的知识架构，引导他们在自身的知识经验背景的基础上开展对新知识的理解，构建他们自己的知识体系。教师不应该是简单的知识传递者，而应是学生主动建构知识架构的工程师，是整个教学过程的联系者。建构主义还主张，教学要把学生摆在主体地位，激发他们的主观能动性，倡导合作型学习，并且让学生通过彼此之间的交流和讨论，全方位地获取知识。

3. 情境认知理论

20 世纪 80 年代，情境认知理论诞生了。科林斯（Collins）、布朗（Brown）、杜吉穗（Duguid）是情境认知理论的代表人物。情境认知理论认为，知识的教授要以学习者为主体，教学内容要和生活实践相联系。情境认知理论的演变历程和学习理论发展的三个阶段是相辅相成的关系。

第一个阶段：由于受到行为主义的"从刺激到反应"这一理论的影响，提出人的思维是从单纯的刺激到反应的过程，忽视了人的主观意识，受到了认知主义理论的批判，从而促使了情境认知理论的发展。

第二个阶段：认知学习理论认为，人是依靠头脑思维完成认知、分析信息与获得信息的，而不是在外部条件下自然而然地形成的。人类学习依靠人体自身具有的认知结构和外部环境的刺激。

第三个阶段：建构主义学习理论要求教师要由单纯的知识传递者转变为学生获取信息和知识系统的构建者。基于构建主义理论形成认知与学习，从而标志着学习理论的转型。情境式教学从情境认知理论获得的理论依据是：与母语不同，学生在学习的过程中缺少真实的语言环境，因此教师不仅要结合教学内容最大限度地利用各种教育技术手段为学生创造真实的语言情境，还要设计形式多样的教学活动，让学生掌握和使用语言知识和语言技能。

（三）情境式教学的原则

1. 实用性原则

在外语教学系统中，情境是对学习有促进作用的重要因素。根据教材内容，教师设计出符合学生日常认知、真实、实用的情境。换句话说，教师所设计的情境需要和学生自身的经验相一致，设计出和日常生活实践有连贯性、有意义、有目的互动，并且是可能在现实生活中出现的情境。情境的设置要真实自然，同时使用实物、适当的教具、图片、音乐、视频等手段，营造真实的氛围，通过语境来感染和暗示让学生进入学习的主题，激发他们自然而然地使用某种适当的语言形式。通过创设真实而有意义的情境，不仅能够激发学生的学习兴趣，培养他们自主学习的能力，还能提高他们的语言综合运用能力。

2. 创造性原则

情境要对学生创造性的发挥起到促进作用。也就是说，学生无论是在模拟的情境中还是在真实的情境中认识语言、学习语言，在自己已经掌握的听、说、读、写技能的基础上，通过一系列的认知活动，比如观察、记忆、思考、联想、想象、创造，将教材中的日语变成他们"自己的日语"，即真正地掌握运用日语的能力。实际上，情境设置的目的是帮助学生运用语言，而不是生硬地记忆语言。教师要将学过的知识和新知识有机地结合起来，同时进行必要的铺垫，对学生可能要使用的语言材料作出充分的估计，以便为他们提供充足的语言材料，帮助他们在具体情境中自然地展开交际。这种自然的交际活动是一个积极主动、创设性的运用过程，而不是靠一味地模仿或者重复进而养成习惯的过程。

3. 交际性原则

交际功能是外语的本质功能。交际功能指的是在真实的情境中灵活运用外语对信息进行吸收和传递的交际活动。听、说、读、写是交际活动的四种形式。交际活动是一个在听者、说者和读者、作者之间进行有意义的信息交流的双向言语交际过程。所有运用语言的交际活动都是在一定的情境中进行的。当学生置身在语言情境中，他们的学习兴趣被很好地调动了起来，同时自身的潜能也最大限度地得到了发挥。学生参与教学活动的积极性提高了，成为学习的主人，他们积极思考，努力探索并进行实践，对自己充满了信心，渴望获取更多的知识和技能。

（四）情境式教学的优势

由于起源于视听法，在教学过程中，情境式教学通过视听效果引入或者创设情境，从而形成一种情感、情境、情绪三者相互结合的教学方法。情境式教学有以下四个优势：第一，在情境式教学的过程中，注重情感的输入，提升教学内容的效果；第二，情境式教学将多媒体教学手段融入进来，适应时代发展的需要；第三，情境式教学能够激发学生的自主性，产生学习兴趣；第四，情境式教学不再局限于课本内容，让生活情境回归现实，增强了学生的日语实践能力。

三、情境式教学创设的情境

（一）文化情境

每一种语言都有自己丰富的文化内涵。在日语教学中，教师要结合教材适当地向学生介绍一些日本文化背景和风俗习惯，如接受礼物的习惯或者节日活动等，以拓展学生的知识面，提高他们对文化差异的敏感度，使一些语言习惯在潜移默化中被接受和应用。例如，每逢节假日，教师都可以利用课前几分钟把节假日的名称告诉学生，或者简要地讲解一些节日的由来。这不仅使学生了解日本的一些风土人情、生活习惯，也弥补了外语教学中不可或缺的文化教学，从而通过文化差异的比较增强学生学习日语的兴趣。

（二）音乐情境

音乐情境指的是通过放音乐让学生学习日语。日语歌曲不仅可以渲染和烘托教学气氛，还对学生的情绪起到稳定的作用，使课堂节奏得到适当的调整。放音乐可以比较容易地将学生引入特定的情境中。例如，教师在讲解日语语音的时候，可以采取听日语歌曲、填写歌词的方式帮助学生积极地记忆假名。

（三）体态情境

体态情境指的是运用动作来模拟情境。通过动作，学生能够有效地记住句型和对话，而应该做出什么样的动作则取决于教学中的语言内容。教师要选择那些具有一定语言节奏、能够表达语言意义的动作。当教师找到合适的动作时，学生就能有效地理解他们所学的内容。学生可以一边听教师说，一边做动作。

（四）生活情境

语言来自生活，只有贴近生活，学生才能够学好日语。因此，在日语教学中，我们需要把课堂变成一个浓缩的社会，将飞禽家畜、花草树木、亭台楼阁"请到"课堂上，让学生看到、感受到生活中的一切，在真实的情境中感受、知觉、记忆、思维。例如，教师在讲解问候语的时候，不要让学生生硬地记忆语法和句型，可以采用情境式教学。教师可以给出一个求职面试的情境。教师让两名学生到讲台上进行角色扮演，一个扮演老板，向应聘者提问，一个扮演应聘者回答老板提出的问题。其余学生找出他们对话中的不妥或错误之处，并加以改正，之后教师向学生讲解正确的礼节和习惯。这样，不仅锻炼了学生的观察力，还能使他们对所学的知识加以运用，真正地让学生在实践中学习、运用知识。

（五）游戏情境

游戏情境指的是将教学内容和生动有趣的游戏形式结合起来。这种情境式教学不仅激发了学生学习日语的动力，还为他们创造了轻松、愉快的学习氛围，有利于激发他们学习的积极性。在日语教学中加入合适的游戏能够培养学生学习日语的兴趣。游戏教学强调学生的主体性，要求师生共同参与，体现了教师的主导作用和学生的主体作用。例如，教师在讲解"能，可以"这个句型的时候，就可以说一些句子，让学生来猜是什么意思。

总而言之，情境式教学法是提高日语教学质量行之有效的好方法。情境式教学为学生创设了一个轻松、愉快的学习氛围，能够使学生置身于贴近自己生活的情境中，产生亲切感，积极主动地参与活动，提高学习效率。让学生"在做中学，在学中用"，不断提高日语课堂的教学质量。

第二节　情境式教学应用日语课堂上的实施策略

一、以情境表演的形式对日语课堂教学进行优化

近年来，我国日语教学改革的步伐越来越快，情境式教学逐渐被引入日语专业的课堂，目的在于为日语教学创设一种体现日语学习规律和学习者学习心理特征的学习情境，充分发挥学生的主体性，让他们在一种有意为之创设的、极富美感的情境中掌握日语知识和日语技能，陶冶情操，锻炼意志，最终实现大面积提高教学质量的目的。在日语教学中应用情境式教学，可以改变传统教学模式下日语课堂死板、低效的现状，使课堂充满活力，变得高效。以鲜明的形象强化学生感知教材的真切感，以真切的感情调动学生参与认识活动是实施情境式教学的基本要求。情境式教学将现代科技融入日语教学，通过搭建立

体式的日语学习环境，从而提高学生的日语综合运用能力。因此，在日语教学中，教师必须为学生提供生动的语言环境进行实践，使他们在情境中理解所学的日语知识，并加以灵活地运用，最终实现知识的内化。

（一）利用情境导入课文

教师首先应该吃透教材，知道教材的特点，以及教学内容的重点和难点在哪里。只有这样才能够合理地设计情境。教师在对情境进行设计的时候，除遵循情境设计的原则以外，还要注意所设计的情境能否和语言的形式和意义有机地结合起来。教师借助日语课堂上设计的情境帮助学生重新组合学习到的语言知识，通过模拟交际或者真实交际，培养学生在生活场景中运用语言的综合能力。与此同时，教师要充分地认识到情境并不是教学目的，而是实现教学目标的一种手段。设计的情境一定要以教材为基础，任何脱离教材的情境都是不切实际的。日语专业的大学生是日语教师教学的对象，因此日语教师要了解学生，要针对学生设计情境。只有这样，情境式教学才能够有效地激起学生的情感，使他们积极、主动地参与到日语教学活动中来。在导入课文的过程中，教师可以通过播放视频、讲故事、提出相关话题等方式引入课文，也可设计和课文内容相关的问题情境，引起学生的兴趣。当然，无论是设计什么样的情境，教师都要以课文的体裁作为基础。通常情况下，叙事类的课文可采用讲故事的方法或进行对话的方法；说理类的课文可采用观看视频的方法；提问法则适合所有的课文。很多教师都喜欢用提问法引入课文。通过问题可以激发学生了解课文内容的强烈愿望，促使他们集中注意力学习课文内容。将看到的情境和听到的语言建立起直接的联系，既形象又生动，学生的听觉感知和听觉记忆能力得到了培养，同时养成了直接用日语思维的习惯。在情境中理解语言意义，操练语言知识、训练语言技能，使学生综合运用语言的能力得到提升。教师在教学的时候，一定要先训练学生的听说技能，再训练他们的读写技能，以体现情境式教学的基本原则。情境式教学要求学生用日语进行交际，那么就必须在情境中完成听说活动。通过听说活动的训练，进而理解并掌握语言的意义、结构规律，提升运用语言的能力。在此基础上，进一步培养学生理解书面语言的能力。

（二）利用情境讲解课文

目前，各高校日语专业会根据自身的特点和培养学生的需求选择不同的教材。但是无论选择哪套教材，重点的语法和句型都会在相应的课本中出现。只有在特定的情境中，语法和句型才具有意义，学生才能够更好地理解和掌握。现在市面上的一些日语专业教材都强调将教学与学生的生活实际相结合。主张在日语课堂上，教师所设计的交际活动情境要与学生的生活实际结合起来。这样，不仅能够增强学生学习日语的兴趣，还能够调动他们参与课堂活动的积极性和自主性。因此，日语教师在课堂教学中应该积极利用各种教学条件，创设出具有现实意义、生活化的日语交际情境，提高学生的课堂参与性，将所学的语法和句型知识应用到语言综合交际中。例如，日语里有很多的固定搭配。教师可以通过做一些动作来引出这些固定搭配，比如喝水、吃饭、吃药。同时，教师可以将学生分成若干个学习小组，让每一组派出一名学生表演，其他组的学生以抢答的形式用日语说出这名学生所做的动作。通过情境表演和教师精讲，学生可以很轻松地掌握这些固定搭配，顺利地完成教学目标。通常情况下，日语专业的教材由四个部分组成，即课文、会话练习、应用课文、课后练习。作为日语教材的核心内容，在课文这一部分里都会向学生介绍本课的重要句型和语法知识。根据教材的会话练习部分所涉及的话题，笔者进行了适当的拓展。接下来，笔者就来详细地介绍一些在进行课文、会话、听力、语法课堂教学时，教师应该如何设计情境。

1. 课文教学情境设计

（1）在讲解课文的时候，特别是导入新课阶段，教师可以和学生展开自由的交流，通过运用实物或者创设情境展现新单词、新句型，让学生学会利用各种感官来感知和记忆新的语言信息。同时，教师要注意所教的内容与学生的生活实际之间的联系，帮助他们灵活地运用这些基础日语知识。

（2）教师在教学中可以借助实物、卡片、视频、动作表情等，帮助学生理解课文的内容，提高他们的日语听力水平。

（3）学生在掌握了课文的内容以后，为了检验学生对课文内容到底理解到什么程度，教师可以根据课文内容对学生进行提问。问题问完以后，教师播放课文录音，让学生模仿语音语调，并进行听说训练。

（4）复述。教师可以在 PPT 上给出课文中的关键词和重点句子，帮助学生复述课文。

（5）改编拓展。教师应该鼓励学生在课文内容的基础上，对一些情节进行整合和补充。

2. 会话情境设置

培养学生的语言交际能力是情境式教学的终极目标。虽然教材中有很多习题可以进行替换练习，但是只靠机械的替换练习无法达到熟练交际的目的。因此，教师需要设计符合教学内容的情境，以达到语言交际的目的。

3. 听力教学情境设计

在听前准备阶段，教师可以给学生播放日剧里与所听内容相关的日常会话，在播放的过程中教师可以给学生介绍一些日本的文化和风俗。在听听力材料的时候，教师可以先提出几个问题，学生在听的过程中找到问题的答案。当学生能够理解听力材料的大意，并能正确回答教师提出的问题以后，教师要让学生试着复述听力材料的内容。当复述环节结束以后，教师需要组织学生将听力材料改编为对话，并以小组的形式表演出来。

4. 设计情境教语法

（1）教师需要根据所教的语法内容对语言材料进行精心的选择，创设合适的情境，找到突破口。教师可以把复杂的语法条目拆解成相关的几块内容，将它们编成日常对话，同时配上内容相符且生动有趣的图片或者视频。这样可以加深学生对语法点的感性认识以及定向的心理准备。

（2）呈现和掌握对话。教师可以在黑板屏幕上呈现人物对话的视频，让他们边观看视频，边理解会话的大意。之后，教师让学生以小组为单位，模仿并表演对话。为了让学生能够灵活运用所学的语法知识，教师可以给他们提供一些单词和词组，让学生创设新的情境，进行意义性和交际性的操练。

（3）点破语言知识点。当语言材料积累得够多的时候，学生对语法知识有了初步的感性认识。这时，教师可以组织学生对语法现象进行观察、分析、推理和归纳。教师可以先让学生根据之前的操练提取抽象的语法知识，对于其中不完善和错误的地方，教师要进行适当的指导和修正，从而让学生学会在零散的、不成系统的语法现象中找寻规律。

（4）在情境中操练。当学生掌握了规律性的联系以后，教师要让学生以小组的形式根据学到的语法项目编情境对话，在情境中操练。操练一段时间以后，教师随机抽取学生到讲台前进行表演。

（5）对于学生容易弄混的语法规则教师要进行专门讲解，通过设计情境，对它们进行区分。

语言源自生活，与学生的生活实际息息相关。因此，教师要利用学生的各种感官，使教学内容变得立体化，可以被学生听到、看到、感知到。教师应该尽可能多地借助各种教学手段，比如实物、卡片、教具、视频，为学生营造一种近乎真实、轻松愉快的语言学习氛围，让他们体会到语境的感染和语境的暗示，从而自觉地使用适当的语言形式进行交际活动。

二、运用情境式教学增强学生学习的兴趣

日常教学中可以通过很多的形式来开展情境式教学，比如组织口语交际活动，设计口语交际情境，角色扮演，观看日本动漫、日剧，听日语歌曲，做值日报告，口头复述。语言素材要以教材内容为基础，要贴近学生的实际生活，彰显时代气息。课堂上，教师要组织丰富多彩的教学活动，鼓励学生大胆地发表自己的意见，与其他同学展开自由讨论，相互交流看法，甚至可以进行辩论。教师需要根据不同的教学环节设计相应的情境，使枯燥乏味的语法知识变得轻松易懂，让学生在口语交际训练中体会到日语学习的快乐，提高他们用日语进行自由交流的能力。

（一）利用情境激发学习动机

尽管日语专业的教师每天的工作都很繁忙，除了要完成教学任务外，还要备课、处理家务事。但是，每个日语专业的教师都应该意识到，人类已经进入了信息化时代，地球上的每个地方都被互联网紧紧地连在了一起，这正好为我们的日语教学提供了丰富的教学资源。日语教师可以充分地利用这一便利的条件，不断提高日语课堂的趣味性，营造生动活泼的语言学习氛围，激发学生的学习动机。笔者先对互联网上的一些日语视听资料进行筛选，选出一些与学生所学内容相关的音频和视频，比如日语歌曲，日本电影、动漫。在学生欣赏这些音频和视频的时候，针对其中的歌词和台词，在教师的指导下，让学生试着归纳和总结出一些词汇知识和语法现象。对于那些经过重新填词被翻唱的日本歌曲，由于学生早已熟悉它们的旋律，教师可以鼓励学生模仿原唱的语音语调进行哼唱，甚至可以举行一个日语歌曲模仿大赛，激发学生学习日语的兴趣。在课下，教师也要鼓励学生多看日语节目、日本电影，把自己听到和看到的内容应用到实际生活中，试着用日语进行交流，这是一个很好的学习动机，教师要好好加以利用。另外，在观看这些视频资料的时候，学生一定要注意其中展现的日本文化。在日本，人们非常重视长幼尊卑，人际交往的礼仪也非常多。如果对日本的文化不了解，使用得不恰当，就会影响到与日本人的沟通。因此，在观看日语视频资料的时候，特别是日剧，教师一定要嘱咐学生仔细观察说话者之间的关系和其所使用的礼貌用语上的细微差别。例如，日本人通常情况下只敲两声门，若是敲三声则是不礼貌的行为，会冒犯到别人。一般情况下进到别人的家里，日本人是不可以戴墨镜的。秋天的时候，日本人习惯穿风衣。当你要去别人家拜访的时候，你一定要先把风衣脱掉，将里子朝外叠好才可以敲门。当要走的时候不能先把风衣穿上，而是要到一楼的时候才能穿上风衣。此外，在日本，车辆是靠右侧行驶的，因此过马路的时候一定要先看左

侧，再看右侧。通过了解日语文化，学生知道了哪些能做、哪些不能做、应该怎么做，在潜移默化中了解日本人的生活习惯。这不仅使课堂气氛得以活跃，还在教学中渗透了人文教育。

（二）创设互动活跃课堂气氛

在课堂教学中，教师可以创造一些互动活动。笔者就在平时的教学中采用过类似节目主持的形式。笔者把教学环节拆分成若干个栏目，并围绕教学主题展开，且各个环节紧密相连，相映成趣，使得课堂教学更加生动、更加有趣。例如，大部分的学生都是从零基础开始学习日语的，最令他们头疼的就是日语单词了，不知道如何去记忆它们。笔者在教学中采用游戏的方式，帮助学生记忆单词。笔者组织学生玩起了词语接龙的游戏。前一个学生说出一个单词，后面的学生要接着前面那个学生所说的单词的最后一个假名说出一个新单词，接不上就算输。特别是在学生学习五十音图的时候，他们学习日语单词的兴趣一下子被激发了出来。有的学生为了在词语接龙游戏中不输，甚至整天捧着本日语词典来背单词。这不仅丰富了学生的词汇量，也为他们今后的日语学习打下坚实的基础。

在平时教学时，教材中总会出现一些比较晦涩的句子，离学生的生活实际比较远，学生理解起来很困难。为了能够贴近年轻人的生活和口味，把一些最近比较流行的表达方式介绍给学生，让他们可以以非常轻松的心态来体会现代日本年轻人的时尚生活和情境语感，并能构思和运用现在日本年轻人最常用的那些口头语。此外，很多"00后"的大学生都喜欢日本动漫，特别是近些年流行的二次元。教师要正确地引导学生的这些兴趣爱好，从某个兴趣点切入，将学生对二次元的兴趣转化为对日语这门语言的兴趣，使他们从内心渴望学习日语。通过这样的教学方式，平时显得枯燥的日语基础课竟成了学生最喜欢上的一门课，他们常常感觉课堂时间太短暂了，还没上够就已经下课了。由此可见，教师可以通过调动学生的情绪来完成认知的过程。情境式教学通过设计出一些真实性和准真实性的具体场合的情形和景象，为语言功能提供充足的实例，并且活化所教语言知识。情境式教学具有生动性和形象性，能够将知识融入生动的情境之中，使学生产生学习兴趣，一改过去日语教学的呆板和枯燥。教师创设的情境越是生动、活泼、精准，对于学生理解语言知识越有利。情境能够激发学生的思维，使他们有所感悟，促使他们将内心的想法表达出来。因此，在课堂教学中，教师要充分利用实物、图画、动作、语言来创设真实的社会语言情境。除了采用听、说、读、写等多样化的教学方法来创设生动、形象的社会语言情境外，教师还可以通过营造生动活泼、轻松愉快的课堂氛围吸引学生的注意力，激发他们的学习兴趣，提高他们的语言交际能力。

三、情境式教学的教学反思

（一）不可牵强地应用情境式教学

教师创设的情境必须能够增强学生对生活的体验感，适合激发学生的思维和表达欲望。教材是教师应用教学方法的根本依据。因此，教师在平时要仔细研究教材，创设与教材内容切合的情境，同时这些情境要与学生的生活实际相结合，这样才能够培养学生健康的情感态度、正确的世界观、人生观、价值观。情境式教学能够通过环境来触发学生的感情，激发他们去积极地思考，提升他们的学习兴趣。这些优势是传统教学模式无法做到的。但是，我们也应该看到，情境式教学并不是单纯地追求形式上的有趣和课堂气氛的活跃，看似教师和学生都互动起来了，其实一堂课下来学生对于应该掌握的知识依旧一头雾水，这对知识的内化是不利的。因此，情境的设计需要和教学内容结合起来，教师要找到两者之间的关联点和切入点，借景悟理，把学生带入情境之中，体验情境中蕴含的思想感情，进一步通过由表及里的思维过程进行抽象概括，揭示出与教材相关的深刻思想内涵，使学生的认识"更上一层楼"。

（二）切勿局限学生的思维

情境式教学并不是将学生的思维局限在某种情境中，而是借助这种教学方法让学生利用学过的知识、经验、方法、途径在不同的情境中进行分析、整合，最终找到正确的答案，也就是培养学生的知识迁移能力。学习的最高境界并不是"学会"，而是"会学"。只有对所学的知识进行举一反三的应用，由此及彼、融会贯通，学生才能够真正地将学到的知识转化为解决问题的能力。教师应该遵循学生的认识规律，培养他们迁移知识和运用知识的能力。在特定的情境教学中，教师对学生思维的引导应该是多向的，而不是单向的。如果教师总是习惯从一个方向引导学生去思考问题，那么学生的思维就会被束缚起来，无法得到发散，也不能够产生创新思维，同时无法发挥学生的想象力。每个人的潜力都是无限的。学生的创新思维是需要教师耐心地进行培养、开发、挖掘的。教师要根据不同的情境引导学生从不同的角度进行思考，打破思维定式，发挥想象力。教师需要在平时的教学中培养学生的联想思维、发散性思维、逆向思维，将情境式教学当作培养学生创造性思维的一个重要的途径。另外，教师要注意学生的言语和情感之间的联系。我们常常会发现，学生在交际的过程中很容易机械地进行交流，没有表情和情感的投入。学生在进行情境表演的时候，常常只知道演好自己的角色，而不注意听别人所说的话。殊不知，注意听别人说话的同时是在完善自己将要回话的语音语调，使表演成为真正的交流，而不是没有表情地背诵句子。因此，教师要尽可能多地给学生提供背景知识，鼓励他们以饱满的热情投入表演之中。

（三）培养日语交际的意识

教师要通过口语交际训练来提高学生使用日语进行口语交际的意识。在平时的教学中，学生通过大量的仿真情境对话训练，使他们所学到的语法知识、句型得到了运用，更重要的是可以提高他们的口语交际能力。很多日语专业的学生在大学前两年的时间里都是在国内学习日语，到了大三或大四才有去日本研学的机会，因此真正的日语交际环境是非常有限的。学生需要通过交际活动来发现自己在语音语调上需要改进的地方，并用日语来表达自己的想法，树立说好日语的信心。因此，在日语课堂教学中，教师要拿出大量的时间对学生进行口语交际的训练。当然，学生的性格特点、学生之间的竞争强度、教师对学生的鼓励程度等对日语口语交际的应用也都是有影响的。但是，总体来讲，教师要细心观察学生所使用的学习方法、了解学生的学习状态，在课堂教学中引入真实、自然的口语交际活动，为学生提供大量的口语练习的机会，培养学生用日语进行交际的意识，进而提高他们的日语口语交际能力。

第六章

小组合作学习在日语教学中的应用

第一节　小组合作学习概述

一、小组合作学习的研究现状

（一）国外研究状况

　　截至目前，国外对小组合作学习的研究已经历时几十年了。美国、德国、日本、加拿大、澳大利亚、荷兰、以色列、尼日利亚等很多国家和地区的教师都在使用小组合作学习这一教学方法。小组合作学习逐渐成为一种越来越受教师和学生欢迎的教学观念和例行常规。日本犬山市开展了以小组合作学习为原则的少数人的教学活动，犬山市的教学原则有以下几点。首先，兴趣是学习最有效的动力。教师必须唤起学生的学习欲望以促进学生的学习，并且只有在这种教学过程中学习才能够顺利地进行。其次，在教学要求中加入并重视参加、合作、成果这三个因素。为了能使学生积极地参与学习，教师一定要制订学习任务计划。为了提高学生的学习成绩，学生彼此间需要相互鼓励，展开有效的合作，因此需要成立学习小组。同时，学生之间的配合可以起到相互影响的作用。在课堂教学中，学生向他人表达自己的想法，可以使学习态度达成一致。学习后取得的成果可以被每一个学生所掌握和分享，这种机制的实现还需要进一步完善。最后，使学生主体性的学习成为可能的目标学习。根据各自学校的特点，犬山市的教师们对教学进行了设计，有的学校则采用任务型学习模式，即根据目标任务设计教学，在单元导入的第一时间先向学生解释单元的学习计划，让学生知道要学习什么，将内容预测、内容评估、学习顺序三点预先传达给学生。学生在学习内容之前就预先明了了，这可以帮助他们正确地理解现在所学内容的定位和意义，他们在学习的过程中就可以很好地对自己理解的程度做出监控。大量研究表明，在提高学生成绩、改善课堂氛围、促进学生能力全面发展等方面，小组合作学习有着明显的效果。

近年来，日本将小组合作学习的教学活动命名为"协动学习"。池田玲子的小组作文学习和馆冈洋子的小组阅读学习是其中最典型的代表。池田玲子在作文学习中引入"协动学习"的方式，将学习者按对或者小组进行分配，学生间就作文互相提出修改意见，并反复推敲。小组活动并不仅限于写作之后，而是贯穿于探究作文的主题到完成写作的整个过程。通过小组活动，学生间相互解释并说明自己的想法，从而不断对作文进行完善和加深。由于学习者的个性特点、文化背景存在差异，因此不同的对话和写作活动会产生不同的效果。通过小组作文学习这种形式，地位平等的学习者之间的不同观点得到了很好的处理，彼此之间产生了无意识的反馈影响，使得进行作文推敲这个教学活动变得更加灵活。池田玲子有提到，小组合作学习活动在提高学生写作能力的同时，帮助他们构筑起社会关系。这是小组作文学习的一个重要成果。馆冈洋子在讲解阅读理解时提出了小组阅读活动这个概念。小组阅读活动指的是学习者通过对话发挥彼此能力共同学习的方法。小组成员在一起阅读文章的时候，边提出自己不明白的问题，边回答彼此提出的问题。除了有关于词句和对文章内容进行理解的问题，小组成员还会对文章的结局做出预测，有的时候还会发表各自的观点，甚至展开讨论，从而加深对文章的理解，以及对自己的思考方式和价值观进行重新审视。小组成员不仅要对教师提出的问题进行回答，还要回答其他小组成员提出的问题，这培养了学生自主学习的能力。合作是小组阅读活动最重要的概念也就是人们之间相互合作进行的创造性活动。馆冈洋子认为，通过协动使得小组成员能够互相协作，开展一些创造性的活动，以发挥各自的作用。她将以"协动"（也就是合作）作为宗旨的学习命名为"协动学习"。小组写作活动和小组阅读活动以小组合作学习为中心进行"协动"，并对成员之间的相互作用进行了展示。

（二）国内研究状况

从 20 世纪 80 年代末开始，我国对小组合作学习展开了理论研究和实践探索，取得了一些成果。但是，由于偏重对理论的引入和探讨，将小组合作学习应用在教学当中也是最近这些年才开始的。很多高校的日语课堂都采用教师主导、学生被动听课的教学模式，采取小组合作学习模式的比较少，积累的经验自然也不会很多。在对学习者推敲作文的小组反应实验做出的研究里，我们能够看到在小组活动中我国学习者有如下问题：通过小组活动学习，第二语言知识不完全的学习者能够相互学到他们需要的知识吗？从有准确知识的教师那里学习不是更有效吗？也许，对于彼此熟悉度比较高的学生而言，他们之间能够学到知识，但是熟悉度高的学习者能从和熟悉度低的学习者开展的小组活动中受益吗？在这些实验的基础上，中国海洋大学的王文贤进行了一次实验。以某大学日语专业的 44 名学生为研究对象，王文贤在两个月的时间里进行了 8 次实验。他让这 44 名学生听一段 200 词左右的小短文，然后以小组为单位进行再创作。王文贤的实验为学习者之间的协动对话，为第二语言学习的研究提供了重要的资源证据。这个实验佐证了"协动学习"（也就是小组合作学习）通过协动对话使熟悉度不同的学习者能够相互学习，实现互惠互利。同时表明，对于这种彼此互相协作的主动学习形式，学习者是非常喜欢的。因此，日语教师大力提倡这种学习者通过互相协作的方式完成共同任务的教学方法，以进行过去以教师为主的教学模式向以学生为主的教学模式的转变。另外，在日语听力、阅读和会话的教学实践中，吴二林曾运用小组合作学习的教学方式，取得了很好的教学效果。吴二林的实验结果充分证实了小组合作学习有利于提高学生学习日语的兴趣，能够培养他们良好的日语学习习惯和用日语进行交流合作的能力。

二、小组合作学习的相关论述

（一）小组合作学习的定义

小组合作学习也叫作合作学习。它起源于 20 世纪 70 年代初的美国，在 20 世纪 70 年代中期到 80 年代中期取得了实质性的进展。小组合作学习是一种集富有创意性和实效性为一体的教学理论和策略。这种教学方法以小组为基本的组织形式，系统地利用教学动态因素之间的互动来促进学习，以团体成绩为评价标准，共同达成教学目标的互动目的。

（二）小组合作学习的理论基础

小组合作学习是建立在社会学、心理学等学科之上的，其代表性的理论基础有建构主义学习观、社会学习理论和人本主义学习观。建构主义认为，认知的主体是学生，强调学习的主动性、社会性、情境性。在整个教学阶段，教师不是知识的灌输者，教师实际上是学生知识建构的帮助者，教师在构建有意义、平等的师生及生生对话中活跃课堂氛围的同时，协助开发学生的差异资源，进而改善课堂教学，实现学生在最近发展区内个性的发展和对知识的主动意义建构。美国社会心理学家班杜拉（Bandura）认为，人类的学习大多发生于社会情境中，发展只能产生于社会学习。班杜拉（Bandura）将观察学习分为注意、保持、动作再生、强化和动机四个过程，其理论强调了社会性学习的环境，特别是人际关系对学习的重要性。这一点对于强调学生之间协作互动的小组合作学习具有启发意义。美国心理学家马斯洛（Maslow）提出了需要层次理论。马斯洛（Maslow）认为，人的社会需要，也就是和他人相互作用，对学习有极大的促进作用。美国著名的心理学家、教育学家罗杰斯（Rogers）则提出了"以学生为中心"的课堂教学模式。罗杰斯（Rogers）认为，教师的任务是通过为学生提供各种学习资源，创设学习氛围，让学生自主学习。因此，教师必须采取一系列的措施，其中包括"开展同伴教学，发挥同伴之间的个别指导作用""采取分组学习，让学生自由选择学习方式""建立交朋友小组，为个体提供一种坦诚交往的环境"等。这种学习观和小组合作学习的理念是非常一致的。

（三）小组合作学习的原则

1. 适合性原则

适合性原则指的是我国的日语教师要根据学生的特点、课堂的实际情况开展活动，而不是完全照搬照抄国外的小组合作学习模式。使用目的语进行对话是国外语言教学开展小组合作学习的目的，学生是学习的主体，教师扮演着辅助学生学习的角色。但是在我国的外语教学课堂上开展的小组合作学习是允许学生使用适当的母语的，这样有利于教学活动按照既定设计方案顺利地开展。同时，学生很重视教师在活动中的指导。因此，教师在组织学生进行小组合作学习的时候应该注意以下两个方面。

（1）有关母语的使用。一直以来，人们受到行为主义心理学的影响，认为母语会对外语学习形成干扰，在外语课堂上应该尽量避免使用母语。但是从社会文化理论的角度来讲，作为人类思维发展的中介工具，母语对外语学习有着积极的推动作用。安东（Antón）和迪卡米拉（Dicamilla）从社会文化理论的角度分析了外语课堂小组活动中母语的使用情况。他们发现，学习者通过使用母语实现了社会性认知活动，比如"搭建支架""建立主体间性""使用私语"，实现了高级自我调控，推动了外语学习。同样从社会文化理论的角度，我国的金月、郭丽杰阐述了母语在二语学习中的作用。她们指出，母语潜在的影响不应该是二语学习者努力去避免的，而应该是作为学好二语的一种策略，尤其是在二语发展不成熟期，学习者还无法运用二语进行高级认知活动，此时母语的概念系统可用来协助学习者规范高级认知过程，并辅助高级二语对话表达能力的发展。从以上的研究中我们能够看出，在实施小组合作学习的时候，尤其是处在日语学习的初级阶段，教师并不需要强迫规定学生使用日语而不是汉语进行交流。学生使用母语能够帮助他们完成对话和进行知识内化的高级认知活动。

（2）教师所起的作用。在小组合作学习中，教师的定位由传统教学模式中的知识传授者转变为学生学习的辅助者。教师的角色发生了变化，必然会对学生自主学习能力的培养起到促进作用。但是，教师的讲解对学生的作用也是不能被忽视的。特别是在教学活动中学生需要较多地使用母语的时候，教师的讲解成为向学生提供规范的日语表达、帮助他们改正错误的重要一环，是不能缺失的。开展小组合作学习活动不等于放弃教师的讲解。在小组合作学习活动中，除了要组织活动、辅助学生完成对话，教师还要进行必要的讲解。

2. 阶段性原则

一直以来，日语专业的课堂教学都是以教师讲解为主，学生则被动地接受知识。将小组合作学习活动引入日语专业的课堂需要学生经历一个适应阶段。阶段性原则指的就是根据课堂的实际情况、学生的语言水平、接受能力循序渐进地开展小组合作学习活动，使学生逐步适应这种教学模式。阶段性原则有以下三方面的含义。

（1）小组合作学习活动步骤的分层。在威利斯（Willis）的基础上，埃利斯（Ellis）提出了应该把任务型教学分成任务前阶段、任务中阶段、任务后阶段三段流程。埃利斯认为，任务前阶段和任务后阶段的活动都是可有可无的，但是任务中的活动是必不可少的。受埃利斯观点的影响，教师一直以来都很重视设计和实施任务的中阶段，忽视任务前阶段和任务后阶段。笔者在多年的教学实践中发现，无论是任务前阶段，还是任务后阶段，抑或任务中阶段，它们对于小组合作学习来说都是很重要的，教师需要精心地设计每个阶段。为什么这么说呢？首先，如果学生没有小组合作学习活动的经验，那么教师的指导就显得格外重要。教师需要在任务前阶段和任务后阶段投入更多的精力。正如馆冈洋子和池田铃子所说，在任务前阶段教师要向学生讲明合作学习的意义、播放活动视频，在任务后阶段教师要组织学生进行反思。教师可以通过这些手段使学生明确活动的意义，调动他们参与教学活动的积极性；其次，小组合作学习要求学生之间通过对话开展高级认知活动，完成学习。要想进行高级认知活动必须保证对话的质量。因此，学生需要在任务前阶段做好充足的准备。只有这样，学生才可能在任务中阶段的对话过程中发挥出个人的能力，推动学习向纵深发展。与此同时，教师需要在任务后阶段给予学生及时的反馈，帮助学生梳理学习要点，对自身的不足有正确的认识，为更好地参与下一次活动打下基础。

（2）传统课堂教学和小组合作学习活动的分层。随着外语教学研究的不断发展，教师讲解、背诵、机械性语言训练等传统的外语教学方法饱受诟病。但是，近年来的外语教学理论和实证研究证明，传统课堂教学方法不仅对巩固学生的语言知识有重要的作用，而且对听、说、读、写各项语言技能的培养大有裨益。由此可见，传统教学方法和小组合作学习各有所长，侧重点各不相同。传统教学方法侧重帮助学习者明确基本语言知识、熟练语言技能，小组合作学习侧重鼓励学生探索知识、构建知识。如果说传统教学方法是基础的话，那么小组合作学习则是在基础上的提升。国外外语课堂上的小组合作学习活动经常是贯穿在整堂课里，甚至是整个学期，将这种方式照搬到我国日语专业课堂上显然是不符合实际情况的。我国日语专业的学生大都是进入大学以后才开始学习日语的，在课堂上需要运用传统的教学方法帮助他们掌握语言知识和语言技能，打牢语言功底。因此，在日语课堂上引出小组合作学习活动不是取代传统的课堂教学模式，而是要将两者有机地结合起来，掌握好适当的比例开展教学活动。

（3）日语学习初级阶段和高级阶段的小组合作学习活动的分层。关于这一点，我们可以从两个方面进行考虑。首先，正如上面所说的，日语专业的学生在进入大学后才开始学习日语，因此在日语学习初级阶段应该多一些以教师为主导的活动，打好语言基础。随着学生语言水平的不断提高，教师可以逐步增加小组合作学习活动。其次，初级阶段和高级阶段的小组合作学习活动的内容也应该有所不同。初级阶段以帮助学生打好日语基础为目的，可多开展以学习语言本身为目的的小组合作学习活动。到了高级阶段，可以开展以学习语言材料内容为目的的小组合作学习活动，在实现语言应用的基础上，拓展学生的知识面，锻炼他们的思维，培养他们的人文素养。

3. 系统性原则

目前，国内外进行的小组合作学习活动基本上停留在单个活动的设计、实施、验证阶段，随意性比较大。系统性就是对活动的安排有一个整体规划，使小组合作学习真正地融入课堂教学中，成为课堂的一部分。从系统性原则出发，在日语课堂教学中引入小组合作学习活动，需要注意如下两点。

（1）活动和评估相结合。评估是检验学习效果的重要手段。近年来，学术界对评估功能的认识发生了变化，学者们认为评估不仅是检验学习结果的量具，也是激发学习者学习动机、帮助学习者调控学习过程、帮助教师反思教学的重要手段，评估和教学的关系密切，评价标准直接影响学习者参与课堂学习的方式。日语教学的评估由教师掌握，教师根据成绩来评估每个学生，这一评估标准在无形中制定了"教师讲、学生听"的行为规范，与以教师为主导的教学模式相呼应，形成了一套体系。小组合作学习活动以学生为主体，将学生视为一个学习共同体，以成绩定优劣的形式来评价学生显然和活动的"合作"宗旨是不符的。笔者认为，在评估小组合作学习的时候，教师可以借鉴池田铃子、馆冈洋子提出的自我评价、生生互评的方式，将其和教师评价结合起来。这样，既照顾到了学生对教师评价的期待，又使评估贴合小组合作学习的特点。

（2）保证活动的连续性。日语教学经过长期的实践形成了自己的一套体系，课堂教学由四个部分组成，即生词学习、语法学习、课文学习、应用练习。如果学生熟悉各环节的授课目的和方式，就很容易参与其中。小组合作学习对于学生来说是新型课堂活动，要使他们熟悉并习惯这种活动形式，教师可以将部分教学内容以小组合作学习的方式呈现出来，创建小组合作学习活动的课堂环节，保证活动的持续开展，而不是让学生觉得只是教师的"一时兴起"。

（四）小组合作学习的基本要素

小组合作学习具有五大要素，具体分析如下。

1. 积极互赖

积极互赖指的是学生们要认识到他们不仅要为自己的学习负责，还要为其所在小组的其他同伴的学习负责。

2. 小组和个体责任感

小组和个体责任感指的是小组成绩取决于小组总的任务的完成情况，小组成绩会影响个人成绩。

3. 面对面的促进性互动

面对面的促进性互动指的是学生们有机会相互解释所学的东西，有机会相互帮助、理解、完成作业。

4. 小组合作技能

小组合作技能指的是期望所有学生能进行有效的沟通，对小组的活动提供指导，建立并维护小组成员之间的相互信任，有效地解决组内冲突。

5. 小组自评

小组自评指的是合作学习小组必须定期地评价共同活动的情况，保持小组活动的有效性。

小组合作活动的这五个基本要素是缺一不可的。小组合作活动的精神支柱是积极互赖、小组和个人责任感。学生们利用小组合作学习，通过面对面的交流互动和小组自评的活动形式，最终完成小组成绩的学习目标。

（五）小组合作学习的基本方法

小组合作学习有五个基本方法，具体分析如下。

1. 学生小组成绩分工法

学生小组成绩分工法指的是将学生分成4人一组的异质小组。教师先进行讲授，然后学生进行小组学习，最后进行个人测验。计分方法使用提高分计分法，即把小组成员的提高分数累加在一起组成小组分数，达到一定标准的小组能够获得认可或者奖励。

2. 小组游戏竞赛法

小组游戏竞赛法由约翰斯·霍普金斯大学所创。这种方法代替了每周一次的测验。各小组中学习成绩差不多的学生相互之间展开竞赛，为各自的小组赢得分数。为了使参与竞赛的对手水平保持一致，教师会根据每周的竞赛成绩对学生做出动态的调整。

3. 切块拼接法

切块拼接法是由阿伦逊（Arnason）和他的同事共同设计的。每6名学生组成一组。学习材料被分割成片段分配给每个小组，学习同一内容的不同小组成员组成"专家组"，共同讨论分配的学习内容。然后各自回到小组内，将他们学的内容轮流教给组员。而著名的教育心理学家斯莱文（Slavin）对切块拼接法做出改良和修正。小组成员参加测验，用小组成绩分工法的记分方法来计算小组得分，达到预订标准的小组可以获得认可。

4. 共学式

明尼苏达大学的约翰逊（Johnson）兄弟开发出了共学式。4或5名学生组成异质小组，教师指定每组学生需要完成的作业任务。小组成员共同完成一份作业，教师按照每个小组的成绩对学生进行表扬或奖励。

5. 小组调查法

以色列特拉维夫大学的沙伦（Sharon）夫妇开发出了小组调查法。每个小组从全班要学习的单元中选出一个子课题，将其分割成若干个个人任务。小组成员为准备小组报告开展必要的学习活动。最后，每个小组向全班做介绍或者展示。

无论是哪一种学习方法，都有其自身的特点。学习小组成绩分工法和小组游戏竞赛法运用了教师授课和小组活动相结合的模式，前者侧重每个成员分数的提高，后者通过同等水平成员竞赛侧重成功的均等机会。切块拼接法则是学生为其他成员讲授自己所讨论和学习的内容，每个人要想掌握其他的内容，唯一的途径就是认真倾听所在小组成员的讲解，因此他们更具有彼此支持的动机，并且表现出对彼此作业的兴趣。共学式比较重视小组的组建、小组自评和推荐小组等。小组调查法则适合把获得、综合、分析信息融为一体的探究性问题的教学。如历史、文学等学科的教学。

三、日语教学中教与学的关系

（一）日语教学要以学生为主体

"教学"，顾名思义应教会学生学习，然而有的教师却是为了教而教，从教出发，为教服务，不管学生是否学会。这些教师上课的实质是以教为中心，教师讲，学生听。这在日语精读课上表现得尤为突出。例如，上课时教师把课前准备好的词汇、惯用句型、段落、篇章结构滔滔不绝地讲给学生，课堂上"满堂灌"，最后留给学生很少的时间做练习，在练习中还要控制出现的错误，有错必纠。这种课教师讲得虽然精细，但分量太少。教学实践证明，这种教学效果很差。学生虽然掌握了一些语言知识，但远远没有掌握听、说、读、写的语言能力。要想使学生把日语作为交际工具来掌握，必须从理论和实践上把教学重心由教转向学。

学生的学习是一种独立的活动，无论教师怎样教，最终都要通过学生自己的学习来掌握，任何人也代替不了。可见，学生是学会的内因，教师的教是学会的外因。外因要通过内因而起作用，教师的一切教授活动最终都要落实到学生的学习活动上。这就是说内因最终起决定作用，因而教学要以学生为主体。目前，一些先进的教学理论对教与学的关系进行了深入的研究。苏联的赞可夫提出的"使学生理解学习过程"的原则和美国的布鲁纳（Bruner）倡导的"发现法"的核心都是把学生看成学习的主体。近年来，出现了一些新的外语教学法，如外语启发式教学法、默教法、程序教学法等，这些方法的共同点之一就是以"学习者为中心"。"以学习者为中心"的实质是让学生在学习外语时有一种安全感、轻松感，不怕错、不羞于开口。教师要"默教"，起指点作用，要让学生大胆实践。在日语教学中以学生为主体就是要承认学生是学习的主人，教是通过学而起作用的，日语主要不是教师教会的，而是学生练会的。因此，上日语课要让学生敢于开口，多说多练日语。为了鼓励学生敢于实践，日语教师要多营造生动活泼的课堂气氛。

（二）日语教学要以教师为主导

日语教学不仅要以学生为主体，还要以教师为主导。教学是师生双边活动，是对立的统一。在教学过程中，教师处于主导地位。因为教师会日语，学生不会日语，学生要想学会日语就要向教师学习。一个合格的日语教师应是从理论和实践上掌握日语，具有广博的文化知识、教学能力、正确的世界观和良好的道德品质。教师在教学中要起到传道、授业、解惑的作用。笔者根据先进的外语教学理论和多年的教学经验将外语教师的主导作用概括为下列四个方面。

第一，帮助学生确立正确的学习目的和良好的学习动机，培养学生顽强的学习毅力，调动学生学习的自觉性和积极性；第二，按照学习外语的规律与科学的外语教学理论，结合本校的教学实际组织教学过程，使教学过程最优化和交际化；第三，教给学生科学的学习方法，特别是自学的方法；第四，结合双基教学和交际能力的培养，发展学生的智能。

上述四个方面是从宏观层面对教师主导作用的概括，此外我们也要从微观层面探讨在外语教学中发挥教师主导作用的具体做法。例如，教师备课时善于抓住重点和难点，上课时进行画龙点睛的讲解，留下大量时间让学生操练，不仅动脑，还要动手，更要开口。基本上做到当堂理解、消化、巩固。高年级教师更不要代替学生查字典、找材料，而是课前指导预习、课上解答疑点和"导演"学生言语实践活动。课堂气氛要活跃，使全班学生兴趣盎然，个个跃跃欲试地要参与语言实践活动。教师可问学生，学生可问教师，还可师生互相提问。教师要和蔼可亲，正确对待学生说练日语时出现的错误，讲究纠正方法，不要使学生因怕出错误而羞于开口不敢大胆实践。为了使课堂交际化，要进行情景教学，广泛利用音频、视频、图片等让学生根据提供的情景用日语进行交谈、讨论、问答。一堂课从讲到练，随着教学内容和进程的变化，方法要多样化。当然，在日语教学中教师主导作用的发挥不止这些，上述的做法仅是作为举例而已。

（三）日语教学要以语言实践活动为主线

教师要理清教和学的关系，必须把学生为主体和教师为主导真正地统一起来。在教学中，学生的学是在教师教之下的学，而教师的教是为学生的学而教的。可见，主体和主导是相辅相成的。在日语教学中如何使学生的主体作用和教师的主导作用有机地统一起来呢？教学实践证明，只有把学生组织到一个"语言实践活动为主线"的交际化教学过程中，才能实现两者的统一。日语是交际工具，要掌握日语这个交际工具，就离不开听、说、读、写的语言实践活动。因此，将语言实践活动作为主线，是由日语这门学科的工具性决定的。

在日语教学中，无论是教还是学，都应该通过语言实践活动进行。教师的主导作用表现在：从交际目的出发，精选语言材料，设计最佳的教学路子，合理组织交际化的教学过程。学生的主体作用表现在：在教师安排的交际化教学过程中积极主动地进行语言实践活动，最终掌握日语这个交际工具。

第二节　小组合作学习在日语课堂上的实施策略

一、小组合作学习的教学活动

（一）合作实用型活动

合作实用型活动指的是以解决日常生活中的简单问题为中心展开的活动，再通过小组合作建立学生学以致用的学习态度。在课堂教学中可以安排贴近学生生活的教学活动，比如使用日语进行问路、指路、点餐、采访身边的人或事、模拟应聘兼职等。例如，将学生中的 40 名学生分成 8 组，让各小组交替扮演问路人和指路人，完成如何从火车站到学校图书馆的问路、指路任务（学生需要写出主要的换乘点）。学生以小组为单位，在组长的带领下以完成指路路线为中心，积极展开交流，设计了符合各组特色的路线，并在课堂上进行了角色扮演。活动通过模拟真实语境，至少在两方面增强了日语初学者的合作意识。

1. 活动调和了日语教学中存在的听说和读写相脱节的矛盾

通过开展此项活动，将学生置于脱离书本的实际语境中，调动他们使用日语准确说明路线的主观能动性，使读写中掌握的知识再现到实际应用中。这不仅巩固了读写中的基础知识，也锻炼了学生倾听和表达的听说能力，有效地平衡了传统教学中听说和读写的比重。

2. 活动使学生认识到了教材中的标准答案和实际应用的区别

在日语学习中，符合语法规则，但是不适用于实际生活的表达方式并不罕见。通过合作实用型活动，我们可以看出在综合日语课程中安排贴近大学生活的教学活动，鼓励学生以小组为单位，积极开展合作完成此类活动不仅增强了学生在日常生活中使用日语的意识，也提高了学生使用符合日语习惯表达的能力。

（二）合作翻译型活动

合作翻译型活动指的是采用小组合作的形式，共同翻译日语文章的活动。众所周知，翻译不仅是学生掌握外语的途径，也是培养掌握母语和外语的双语人才的途径。特别是日语学生，翻译活动极为重要。因为中日两国的语言中都存在汉字，但其意义又不尽相同，导致日语专业的学生极易望文生义，产生日式中文或者中式日文的错误。因此，翻译活动的主要意图在于使学生深入认识中日语言的差异。由于学生仍处于初学阶段，因此翻译内容以贴近大学生活的非正式文体为主，选取了字数为 1000 字左右的日语文章，要求学生以小组为单位将其翻译为汉语。在这次小组合作翻译活动中，学生在避免望文生义、思维转换等方面均有所提升。首先，小组合作翻译活动在一定程度上使学生摆脱了望文生义，避免产生日式中文的错误。从小组合作翻译的过程中我们不难看出，一些日语初学者在翻译中日文均存在的词语时，望文生义，没有彻底搞清楚该词语在中日文中的异同，出现了日式中文表达。经过小组合作讨论环节，这些学生意识到联系语境精确把握中日文均存在的词汇的重要性。其次，小组合作翻译活动对学生的思维转换产生了一定的影响。学生经过小组讨论听取了其他成员不同的声音，意识到日语谓语一般位于句末，但汉语谓语一般置于前面，翻译时需要转换中日文思维，选取符合汉语习惯的表达进行精准翻译。

通过开展小组合作翻译活动，学生认识到中日表达的差异，为其掌握中日双语奠定了基础。

二、小组合作学习的教学反思

（一）学习者通过对话完成任务

合作学习最大的特点就是学习者通过对话完成任务，这一特点涵盖了两层含义：其一，使用目的语进行意义协商，促进目的语习得；其二，通过语言交互实现知识的内化。对于 JSL 环境下的学习者来说，通常他们有更多的机会接触到日语，使用日语完成意义协商相对容易。JSL 环境下的学习者来自不同国家，日语是他们的共通语言，在合作学习活动中会自然地使用日语交流。然而，对于 JFL 环境下的中国学习者来说，他们日常接触到的日语有限，受语言能力的制约较大，仅用日语很难达成知识内化的目标，因而在活动中往往会切换成母语完成对话。

（二）合作学习立足于社会建构主义

合作学习立足于社会建构主义认知观认为认知发展是通过社会层面的交互内化的过程，而不是个体接受外部刺激进行消化的过程。以此为依据，在合作学习活动实施过程中，学习者之间的对话几乎占据了全部课堂时间，留给教师讲解的时间极为有限。对于 JSL 环境下的学习者来说，课堂学习只是语言学习的一部分，大量的语言接触发生在课外，学习者在日常生活中可以自己领悟并归纳出语言的规则。而对于 JFL 环境下的学习者来说，目的语学习基本发生在课堂，课下目的语的接触量极为有限，学习机会少。因此，在 JSL 环境下教师必要的讲解就显得尤为重要。由此可见，合作学习的开展受环境制约，要使合作学习在我国日语课堂顺利展开，有必要根据我国特定的教学环境、学习者的特点做出相应的调整。

第七章

新时代日语教学的思维创新理论研究

第一节　日语教学思维模式的创新

一、创新思维相关论述

（一）思维与创新思维

1. 思维的定义

思维是人类最本质的特征。人类之所以是万物之灵，就是因为人类具有神奇的思维能力。那么，什么是思维呢？思维是人脑的机能，是人脑对外界客观事物的反应。人们在实践基础上对事物的认识，首先是获得感性的认识。感性认识是对事物表面现象的认识，是对事物外部联系的认识。在丰富的感性认识基础上，经过去粗取精、去伪存真、由此及彼、由表及里的整理和加工，逐步认识事物的本质和规律，产生认识过程的质的飞跃——理性认识。本书所说的思维指的是理性认识，思维是人类认识的高级阶段。

2. 思维的特点

（1）思维的概括性。思维的概括性指的是思维能够反映事物的本质。概括性有两层含义：一层是思维能够揭示同一类事物所特有的共性，并将它们归结在一起，从而认识这类事物的共同本质以及与其他类事物的关系。例如，人们凭借思维，可以将构成世界万事万物的基本元素概括为金属元素和非金属元素，进而揭示出金属元素与非金属元素之间的本质联系；另一层是思维能从部分事物相互联系的事实中揭示出事物普遍的或者必然的联系，并将其推广到同类的现象中去。例如，凭借思维，人们可以认识物体的质量与引力的关系，物体的质量与能量、时间的关系，等等。思维的这种功能可以使人认识和掌握事物的客观规律，为人类认识和改造客观世界服务。

（2）思维的间接性。思维的间接性指的是思维对感官所不能直接把握的或不在眼前的事物，借助于某些媒介物，通过头脑加工来进行反应。由于外界事物的复杂性和感官的局限性，光凭感性认识是很难认识或者根本无法认识许多事物的。原因有以下几点。

①事物的本质和规律的复杂性和内隐性。客观事物的本质和规律隐藏在事物现象背后，既看不见，又摸不着，只能透过大量的现象间接地去思考、去研究，进而才能把握事物的本质和规律。

②实践的时间、空间上的限制。例如，千百万年前的历史变迁，宇宙中非常遥远的星体和星系团的结构和运动变化规律等，都因为我们不能身临其境而无法直接感知。

③人类感觉器官的局限。有研究表明，人的视觉器官可见光谱只是波长为 400~760 纳米的电磁波。而紫外线、X 射线、红外线等，由于它们都是低于或超过这一区间的光，因此单凭感官是看不到的。同样，人的听觉器官的正常听阈值在音频为 125~8000 赫兹，低于 16 赫兹或者高于 20000 赫兹（称为超声波）的声波是无论如何也听不到的。对于不能直接感知到的事物，人们只有通过间接方式去认识，通常是借助已有经验、知识、工具经过人脑的加工，即思维来间接认识的。思维的间接性不仅可以追溯过去，也可以预见未来。追溯过去，即思维可以根据自然和社会在演化过程中保留下来的各种信息或经过对同代信息的逻辑分析、推断和再现已经逝去的自然景观、社会事件，从而跨越现代与古代、当代与过去的时间羁绊。正是因为思维的间接性，人类才能通过文字、图画、实物等再现数百亿年前的宇宙演化过程，再现人类蒙昧时代的生活画卷，再现几千年前人类历史上的重大事件等。预见未来，即思维可以根据过去、现在的信息，依据自然、社会的发展规律，通过严密的逻辑推理，推断出将来可能出现的事件，预测事物未来的发展趋势，从而预见自然、社会发展过程中尚未发生而将要发生的现象或者事件。

（3）思维的概括性和间接性之间的联系。思维的概括性和间接性是相互联系的，人们首先在感觉提供的感性材料的基础上，概括出事物的本质、特性与规律性的联系。接着，凭借这些概括性的反应对不在眼前的或者感觉没有能力直接把握的事物进行间接的推断，从而达到更为深入的认识。例如，"大陆漂移说"的提出就充分地体现了思维的概括性和间接性。1914 年，德国气象学家魏格纳（Wegener）卧病在床，他望着挂在墙上的世界地图出神。突然，他发现了一个有趣的现象：在大西洋两岸，非洲西部的海岸线和南美洲东部的海岸线正好彼此吻合。于是，魏格纳大胆地提出了"在远古时代，这两块大陆本是合为一体的，后来由于某种原因，经过长期演变，才逐渐漂移开来"的设想。此后，魏格纳又在此基础上，经过进一步的考察和论证，概括出了对研究地球演变具有极为重要意义的"大陆漂移说"。

3. 思维的分类

思维按大类来分，可以分为逻辑思维和非逻辑思维。一般而言，逻辑思维讲究准确性、严密性和条理性，是人们使用最多、掌握较好的一种常规思维方法；而非逻辑思维则讲究灵活性、流畅性和独特性，是一种容易为大家所忽视的思维方法。创新思维主要指的是非逻辑思维，是突破常规思维的一种高级思维形式，是人类思维的灵魂与核心。

（二）创新思维的本质

创新思维是人类思维的最亮丽花朵，是人类思维中最具批判性、革命性、创造性的思维，是思维的高级形式。千百年来，人们凭借着创新思维和创新能力，创造了辉煌灿烂的物质文明和精神文明。创新思维，在人类文学史、艺术史、科学史、技术史，乃至整个社会发展史上，都闪烁着灿烂的光辉，也吸引了一代又一代的科学家、发明家、哲学家、教育家、心理学家，乃至医学家的关注和研究。

现代脑科学的新突破，脑神经生理学、现代心理学、人工智能科学的迅速发展，特别是现代思维科学的崛起，为揭示创新思维的奥秘奠定了坚实的科学基础。从现代思维科学来看，创新思维属于现代思维科学理论体系中的基础学科。

近年来，国内对创新思维的研究在某些领域已经取得了可喜的成果。从学者的研究来看，对创新思维的本质并没有一个统一的看法。但对创新思维的界定，大体上可以从狭义和广义两方面去理解。狭义的创新思维指的是在人类认识上首次产生的具有创新性、突破性，并产生前所未有的思维成果的高级思维活动。狭义的创新思维是相对人类而言的，其中的"创新性"包括两层含义：一是独创性，即独立于他人，没有现成的方法、规律可遵循；二是新颖性，即无论是方法还是结果都没有雷同。这两层含义紧密相关。"突破性"主要是指突破理论权威，现成的规律、方法和思维定式的束缚，形成独树一帜的理论发现、技术发明和创新。显然，这种创新思维品质只能为少数人所具有。广义的创新思维指的是对事物之间的本质联系进行前所未有的思考，从而创造出新事物的思维形态。这种广义的创新思维既可涵盖科学技术的重大发现、发明和创造的思维活动，又包括处理日常具体问题的思维活动。广义的创新思维是相对社会成员中每一个思维主体而言的。我们倾向于在广义的层面上界定创新思维，主要是基于以下三点原因。

（1）狭义的创新思维是建立在广义的创新思维的基础之上的，是创新思维的高级形式。一个人只有具备正常的思维能力，才能谈得上新思维，进而培养和训练高级的创新思维。

（2）创新思维本质上并不是一种孤立的、单向的思维运动过程，而是一种多层次协同进行的整体思维过程，并非只局限于高层次的思维活动，而是狭义和广义两个层面创新思维的综合运用，是逻辑思维和非逻辑思维的有机结合，两者不可偏废。

（3）创新思维并不是少数天才的"专利"，每个有正常思维能力的人都具有创新思维的潜能。正如我国著名的教育家陶行知先生所说："处处是创造之地、天天是创造之时，人人是创造之人。"将创新思维界定在广义层面上有利于拓宽研究领域，深化研究领域，挖掘人民群众的创新潜能，有利于提高整个民族的创新素质。

创新，是知识经济时代的灵魂。知识经济时代的竞争，是人才资源的竞争。一个国家是否拥有一大批具有创新思维和创新能力的高素质人才，关系到国家成败安危的大问题。将创新思维界定在广义层面上，有利于激发广大人民群众的创新热情，有利于提高全民族的创新思维素质，使更多的人自觉地投身创新的实践中去。

（三）创新思维的基本特征

创新思维相对于传统思维而言是对同一客体思考所体现出来的思维特质，与传统思维相比，具有鲜明的特征。了解创新思维的特征是理解、掌握和运用创新思维的前提。由于创新思维是一种复杂、高级的思维活动，人们可以从各个角度来阐述其特征。

1. 思维的流畅性

思维的流畅性指的是思维对外界刺激做出快速反应的能力。思维敏捷、反应迅速是其基本要求。思维流畅性是人思维的量的特征，通常以对问题回答的个数或提供解决问题方案的数量来判断其水平的高低。例如，请你回答"玻璃杯的用途"，如果你在短时间内回答的用途越多，就说明你的思维流畅性程度越高，其创新思维能力越强。思维的流畅性往往表现为思维活动畅通无阻、思维敏捷、发散程度高，能在短时间内提出大量的不同的设想。人们常说的"对答如流""思如泉涌"就是思维流畅性的最好表征。流畅性包括用词流畅性、观念流畅性、联想流畅性和表达流畅性。创新能力强的人，其创新思维流畅，能在短时间内提出大量的对策和答案。例如，美国"发明大王"爱迪生的思维流畅性就高得惊人。为了寻找合适的灯丝材料，他先后试用了1600多种矿物和金属材料、6000多种植物纤维，甚至连头发丝和朋友的胡子都拿来做实验。最后，找到了"炭化了的竹丝"这一当时最佳的灯丝材料，取得了成功。

2. 思维的灵活性

思维的灵活性，也称变通性，指的是思维活动能依据客观事物的变化而变化，也就是通常人们所说的"随机应变"。其主要特点表现为。

（1）思维不受以往习惯、思维定式的制约，常改变思维方向，勇于打破种种局限，在对待同样的问题上，能够采用许多不同的解决办法和途径。

（2）思维具有较强的适应性、应变能力，能够根据情境的变化及时调整思维方向。在思维受阻时能主动改变思路、从新的角度重新考虑问题，并敏锐地抓住新的信息。思维的灵活性可以使创新者的思维触类旁通，举一反三。它可以使创新者在知识的海洋里纵横驰骋、左右逢源，可以在思维想象的空间中自由翱翔，可以迅速灵活地从一个思路跳到另一个思路，从一个意境进入另一个意境，多角度、多方法进行探索、解决问题，并能随着情况的变化而改变或者调整所探索的课题和目标。创新思维能力越强，思路越广，提出的方案越多、越新，问题得到解决的机会也就越多。思维的灵活性是以流畅性为前提的，思维不流畅，自然谈不上变通。从创新的角度而言，思维的灵活性是重要的环节。

3. 思维的独特性

思维的独特性，又称创新性、新颖性，是具有创造力的人的最主要的思维品质，是创新思维的特征。创新思维产生的构想不仅要求思维流畅（量度）、思维灵活（维度），而且要求思维角度新，能独辟蹊径，标新立异，独特新颖。这是一般人按传统思维所想不到的。思维的独特性是创新性与新颖性的统一。创新性是以独立思考，敢于质疑，善于求异，不迷信权威为前提的，指突破传统思维方式、以前所未有的新角度去认识事物。新颖性指的是思维成果在一定时空范围内是唯一的、首创的。思维的独特性可使一个创新者解放思想、破除迷信，敢于向传统挑战、敢于向权威挑战，提出新的概念、新的原理和新的方法。英国著名的细菌科学家弗莱明发现青霉菌的事例，就是在研究工作中以新的独特视角进行观察和思考的结果。

4. 思维的自主性

思维的自主性，也叫思维的独立性，指的是人们在认识和改造世界的过程中，能够依据客观条件和自己的需求、目的、聪明才智，最大限度地发挥主动性、创造性的一种创新思维能力。一个人离开了思维的自主性，就不可能对自己的思维活动实行自我意识、自我支配、自我控制和自我调节，因而也谈不上独立思考与创新。思维的自主性是思维主体的一种内在规定性，是一个人在长期学习、工作和生活实践中所形成的独特精神世界。它包括意识、知识、情感、意志等多种因素，它的内容和实质就是在一定条件下，思维主体对自己的思维活动具有充分的自决、控制、调节的能力，它的表现程度和实现程度取决于思维主体在思维活动过程中积极性、主动性和创造性发挥得如何。思维的自主性，这种思维素质具有自我选择、自我决断的能力，带有鲜明的个性、开放性、探讨性等特点。英国著名的物理学家法拉第在创立磁力线和电力场的概念时，曾遭到专业同行的反对，但这并没有动摇他对自己科研成果的信心，他坚信自己的见解是正确的。历史是公正的，法拉第磁生电的伟大发现彻底改变了人类的历史，使人类从蒸汽机时代逐渐过渡到电气时代，而法拉第的名字也从此传遍了世界。

二、创建新型教学思维模式

随着市场对日语专业人才的需求逐年增加。为了适应新形势，必须提高人才培养质量，培养创新型日语人才。创新型日语人才首先是合格的日语人才，然后必须有复合型的知识结构。在此基础上，还要融入创新素质，即创新精神、创新能力和创新人格。日语课堂教学模式的设置直接关系到整个人才培养的途径选择和质量规范，因此其关键在于教学模式的改革与创新。创建新型教学模式必须实现两个根本性的转变：从以"教师为中心"向以"学生为中心"的转变；从单纯传授语言知识与技能向既传授语言知识与技能，更重视培养语言运用能力和自主学习能力的教学模式的转变。因此，日语教学要坚持以"创新"促发展的教育理念，把创新教育渗透到日语教学中，以"五会"能力培养为核心，以学生主动获取知识，培养创新型优秀日语人才为总目标。其中创建新型教学模式、创新教学方法、优化教学过程、改革教学评价以及提高教师的综合素质在有效教学中显得尤为重要。

教学模式是在一定的教学思想或理论的指导下设计和组织教学，在实践中建立起来的各类型教学活动的基本结构。教师是教学模式的执行者，是教学活动和教学改革创新的决定力量。课堂教学是学生掌握知识、发展能力和拓展素质的主要渠道。传统教学课堂重教轻学、教师唱独角戏的求同式思维没有充分发挥学生的主体性，没有很好地遵循学生的认识语言的规律，没有把知识的传授与能力的培养有机地融为一体，让学生对课程失去兴趣，甚至产生厌学情绪，更抑制了学生的创新思维。然而课堂教学如果没有学生主动参与，教学质量就无法提高。因此，创建以学生为中心的教学模式首先必须创新教学理念，牢固树立以学生为中心的教育主体观，以学生能力发展为重点的教育质量观，以完善学生人格为目标的教育价值观。实现以学生为中心的教学模式的途径具有多样性，其核心是学生积极主动地参与教学的整个过程与思维创新探索，倡导师生合作学习。学生是知识的主动建构者和运用者，教师是学生学习的引导者、组织者、鼓励者、建议者和评估者。因此必须培养学生自主学习的意识和师生互动的新型教学模式。

（一）学习意识的养成

建构主义的基本理论认为学习者不是信息的被动接收者，而是知识结构的主动建构者，学习的过程是新旧经验之间的双向相互作用的过程。学生的"自主学习意识"，是学生积极主动参与课堂教学的原动力，有利于培养学生的创新意识。因此，在课堂上教师不能简单地向学生灌输知识，要有意识地激发学生的"自主学习意识"，引导学生把握知识的内在结构，了解并参与知识的产生过程，掌握知识的重点和难点，为逐步内化为素质、转化为能力奠定坚实的基础。教师对学生的认知结构和学习基础要有较全面、明确的了解，以所教内容为主题，围绕学生和学生学习过程的特点来组织教学，向学生提出具有启发性或有争议性的问题，鼓励学生独立思考或与同伴协商解决，然后教师再酌情指导。这种课堂教学模式由"重教"转变为"重学"，让学生按照自身的需求充分利用教学资源主动地完成学习任务，培养了学生独立思考、主动性学习的创新意识，其教学过程切实做到了"以学生为主"，充分体现了学生的主体地位。

（二）师生互动的新型教学模式

师生互助的新型教学模式，其教学过程重在教师启发引导，实现师生互动。其基础是师生互为主体，双向能动。参与式学习是一种重要的学习形式，教师与学生之间的沟通与合作在知识建构中愈加重要。师生双方在教学中都应以充分发挥自身的主观能动性、积极性和创造性为前提，以创设平等、民主、和谐的教学环境为条件，以知识为载体，主动参与和共同发展新型教学观或教学模式。在教学方法上要保障教师的主导地位与学生的主体地位，强调学生的自主互动必须得到教师的指导和调控，是学创结合的教学，是促进教学相长的教学，极有利于调动学生的主动性、增强学生的创造性、促进学生创新素质的发展。在创造性的课堂教学中，学生要主动积极参与教学过程和发现知识，师生要积极开展双向交流、协作活动和会话环境，让学生在讨论问题和展示学习成果中增强自信，达到"教"与"学"的和谐统一，实现课堂教学的最大效益。

三、优化思维创新教学过程

心理学家威台海姆在《创造性思维》一书中说："严格的机械训练使学生思维麻木不仁，唯有引导学生自由探索、灵活思考，才可能导致创造性思维的发展。"即是说教学方法的运用直接影响其教学效果。创新教育方法，要使教学实施既符合教学规律又符合学生认知规律，就必须构建活力课堂，改进驱动方式，实现师生协同共振。课堂教学应为学生提供足够的思考、想象与创造的空间，使学生由"学会"转向"会学"，再到创造性地学，才能培养学生的创新意识，训练学生的创新思维，开发学生的创新能力。

（一）课堂教学设计

课堂教学设计应依据教学目标、教学内容及教学对象的特点，应用科学系统观点合理地选择和设计教学媒体信息，并在系统中有机组合，形成优化的教学系统结构。从建构主义的教学设计原则出发，日语课堂教学应体现学生学习的主体性、情境性、合作性和探究性等基本特点。德国的教育家第斯多惠说："教育的艺术不在于传播本领，而在于激励、唤醒和鼓舞。"教师在授课过程中应恰如其分地运用激励机制，以情感为纽带调动学生学习兴趣和欲望，营造有利于学生交际的语言环境。可以通过多种途径建构课堂情境为学生创造良好的学习环境或心理状态。

1. 激发学习兴趣

教师精心筛选有趣的文字游戏，让学生上台表演；讲寓意深刻的励志故事；看一段录像，听一段录音；或教唱一曲流行的日文歌曲，都能唤起学生的好奇心和神秘感，使他们产生强烈的求知欲望和情感共鸣，激发他们的学习兴趣。兴趣是学生求知与创新知识的先决条件，是学生学习的内部动力，因此能收到出奇制胜的教学效果。

2. 培养发散思维

发散思维是创造性思维能力必不可少的有机组成部分，更是创新型人才必须具备的智能素质。爱因斯坦说过："想象力比知识更重要，因为知识是有限的，而想象力概括着世界上的一切，推动着进步，并且是知识化的源泉，严格地说，想象力是科学研究中的实在因素。"因此培养学生发散思维首先要训练学生的想象力。教师要创设一定的情景，促使学生运用头脑中的已有想象创造新的形象，善于挖掘教材中蕴含的创造性因素，对学生细心点拨、潜心诱导，让学生展开丰富想象，大胆进行发散思维，以激发学生的想象力和创造力。

3. 进行针对性教学

教学方法的核心是进行针对性教学。由于学生的个性不同，接受、思考和解决问题的方式也各不相同，教师在教学中要了解他们的学习要求，将自己摆在与学生平等的位置，以饱满的教学热情感染学生，以丰富的知识吸引学生，与学生产生心灵上的交流，给予每位学生参与教学活动的机会。教师应努力营造学生个性得以自由发展的轻松氛围，共同构建起乐学、善思、笃行、自省的生态型"学习场"，让每个学生都能从中体验到学习的快乐，享受到成功的喜悦。计算机和网络技术的发展为我们改革教学内容和方法提供了强有力的技术支持，可作为建构主义学习环境下理想的认知工具。教师通过网络课件等教学手段有效地利用课堂教学时间，将课本知识与现实生活有机结合，丰富了教学内容，为学生营造身临其境的语言氛围，提供更加直观的语言文化信息，让学生在学习地道标准的语言表达方式的同时，掌握相应的语体、语态，使其学习的内部动机从好奇逐步上升为兴趣、志趣，从而激发他们对知识的渴望与创新，增强了课堂教学的趣味性、探索性、适应性和开放性，丰富学生的学习途径，拓展了学生的知识面。这是传统课堂教学的补充和延伸，有利于提升教学效果。

（二）创新思维教学

1. 开展研究性学习

开展研究性学习，增强学生的主体性、提升学生的创新素质是前提，培养学生的探究和创新精神是根本。课堂要求实施"过程教学"，培养学生更适应生活实际、动手实践和解决实际问题的能力，培养学生收集、分析和利用信息的能力，让他们切实感受知识形成过程是一种学习形式，不仅有助于学生对知识的牢固掌握，更能直接促进他们的主体精神、创新精神的发展。引导学生开展探究性学习的关键是创设师生平等交流、共同探究问题的学习氛围，把学习的过程表现为一种学创结合的过程。"授人以鱼不如授人以渔"，教育是点燃学生心灵的火苗，燃烧则是学生自己的事。因此，教师要帮助学生学会学习，把自学方法教给学生，把自主时间还给学生，把思维空间留给学生，让他们去发现问题、总结规律。同时要培养学生不盲从书本、不迷信权威、敢于标新立异，在求异、求奇、求新中寻找灵感，在研究问题、解决问题的过程中追求"独到"和"最佳"的领先精神。教师在教学过程中，要努力营造学习与探索的氛围，不断摸索、不断创新，让课堂充满生命活力。

2. 教师的综合素质

新形势下大学日语课堂教学的创新，给教师提出了新的要求和挑战。教师是创新教育的指导者，教学活动的主要参加者，在整个教学过程中处于一个重要的位置。传统的教学功能和作用无法触及学生的精神内需，无法有效发挥教师对学生学习的前瞻性引领作用，教师的主导作用有边缘化倾向。在教学过程中，教师的职责不仅是"传道、授业、解惑"，而且在于启迪学生智慧，捕捉学生创新思维的闪光点，激发学生的创新潜能。尤其是外语课程，语言更新快，新知识层出不穷，真正有效的教学不在于教师给学生讲了多少或学生学了多少，而在于启发学生从不同的角度来重新领悟他们自以为已经明白的东西，并学会透过现象探究本质，自觉实现对问题背后的价值反思，这就要求教师在自己的领域保持知识更新，要求教师自身必须具备较强的创新意识和创新能力，自觉地将知识传授与创新思维相结合，为创新教育提供最直接最深刻的体验。并在学生创新教育的过程中起引导和示范作用，以自身的创新意识、思维以及能力等因素去感染、带动学生创新能力的形成和发展。在某种意义上可以说只有创新型的教师才能实施创新教育，才能培养创新型的学生。所以我们的教师只有改变传统的观念和角色，不断更新教育理念，不断提高自己的综合素质，不断完善自己的知识结构，努力提高创新教学的能力与水平，才能成为名副其实的创新教学的指导者。

3. 创新教学、改革教学评价

教学评价是教育教学过程中不可或缺的重要环节，其作用主要体现在"激励导向、检测与诊断、区分与优选"等方面。因此，创新教学必须重视教学评价的改革。传统评价体系：重书本，关注的是学生对所学知识掌握的精细度，考查内容往往是学生学了什么，学得怎样。创新教学思想下的评价体系：自主学习是基础，创新思维是核心，自我管理是目标，三者要有效融合；评价的目的是让学生展示自我，使学生获得成功的体验；评价过程也是学习、交流和提高的重要环节。学生评价的主要方式是测试，它是学校检查学生成绩和教学效果的一种方法。要求各种语言活动的测试都应在具体的情景和语境中进行，学生不仅要运用所学知识，更需运用各种交际策略来完成任务。首先，对试题的革新要加大力度（如减少客观题，增加主观题；少一些识记内容题，多一些分析、理解题；少一些填空题，增加一些选择题等）听说读写译五种能力的考查要兼顾。完成试题的形式可以是个人或小组讨论等，充分体现语言交际的互动性。其次，测试评价手段应采用笔试、口试、听力测试，日语课程的考试除期中、期末考试外，还应有学生在课堂上的发言、小组讨论中的表现、任务完成的情况以及整个学习过程中的主动性等方面的考核。评价主体可以是教师评价学生，学生自评、互评、小组评价等相结合。评价方式以体现激励为主的原则，积极的自我激励是创新教学评价的主流。为了使考试和评分真实地反映学生水平，在对学生进行终结性评价时，形成性评价可作为辅助，增加学生日语学习的热情，调动基础较差的学生的积极性，增加了测评的有效性。

随着日语教学改革的不断深入，大学日语教师的专业素质、业务能力、知识结构都面临着新的要求和挑战。这就要求教师要迅速转变教学观念和角色，注重课堂教学模式的改革与创新，不断探索课堂有效教学的新思路、新方法，培养学生发现、探究、解决问题的能力，培养学生的创新意识和创造能力。教师要努力提高自己的综合素质，在教学中大胆改革、勇于实践，从而实现教学的创新，培养出符合社会需求的具有高水平的创新型日语人才。

第二节　输出驱动理论下日语翻转创新思维研究

一、输出驱动理论的概念

输入假设作为一种语言习得理论，它指出：要实现语言习得，就要保证学习者对语言输入的完全理解。需要输入涵盖一种语言项目，它高于现有的语言能力，就是目前众所周知的"i+1"理论。语言习得不一定要包括语言输出。针对这个问题，斯温纳（M.Swain）在1995 年阐述了"输出假设"，它表示语言输出不仅可以增加语言使用的流利程度，语言输出还有许多其他的功能，比如假设检测、元语言反思、注意、触发功能。在语言输出的时候，练习者就会反复的修正以及检验对语言输入的认知，这样一来，语言输入就实现了吸收。

我国高校的外语教学一直在"输入假设"理论的影响下强调语言的输入忽视语言的输出。课上采用老师讲、学生听，以课本为中心，让学生弄懂课文中的单词、短语、句子，精讲语法规则，强调知识体系性和规范性的传统教学。无论院校水平高低、学生的质量如何，都采用固定的几套教材，在有限的时间内仅围绕着课本，因此在课堂上学生很少有机会连贯表达。这种输入为主输出为辅的理念是否适应灵活多变的社会需求是当前高校教师值得思考的问题。

二、输出驱动理论对大学日语学习的影响

（一）输出驱动理论对日语教学的现实意义

当代大学生对大学生活充满了好奇与新鲜感，对知识具有饥饿感和挑战感，以往的输入为主的授课模式显然已经不能满足当代大学生的要求，甚至让他们有抵触情绪。在课堂上我们应当改变原有的授课模式，强调输出带动输入，提高学生的学习热情和兴趣，因势利导，激发学习语言类大学生的语言输出欲望，正好符合了当代大学生的猎奇心理。

符合社会对大学日语教学的需求。听、说、读、写、译是大学生进入职场后，需要展现的必要的沟通输出技能，在"输出驱动假设理论"指导下的大学日语教学重视的是学

生的输出能力的培养，符合未来职场的需要，与培养实用型人才的目标一致。并且大部分学生学习日语是出于兴趣或是工作需要，用四年时间想要提高学生的日语综合能力谈何容易。利用"输出驱动假设理论"在有限的时间内，让学生利用输出带动输入，用学结合，利用课后时间带动课堂教学的效率提升，盘活原有知识，扩大表达性知识，提高学生的综合技能。

（二）输出驱动假设理论在日语教学中的应用

（1）听说结合。很多大学生在学习日语过程中听说能力较差，学生在口语课上经常"无话可说"，从而变成了哑巴日语，现代外语教学理论认为，学习语言的过程是输入—吸收—输出的过程，我们要利用输出驱动假设理论，教师在口语课上应该充分考虑学生的差异，营造轻松愉快的语言输出氛围鼓励学生说日语，为学生创设明确的输出内容，有利于学生课前积极的输入内容。以学习小组的形式，确定与课堂吻合的材料，课前进行展示。学生可以从网上下载日语短剧，自编自演，"创造"台词，用自己所学语言来自由地表达自己的想法，即"做中学"。这些方法能使性格内向的学生也积极参与到课堂教学的各项活动中，目的是使学生通过资料的收集、内容的编排、反复的操练和修改，全方位增强日语技能，提高日语语言输出效果。

（2）读写一体。一方面在阅读课上，教师设计好与课文紧密联系的问题，让学生以抢答的方式回答，激发学生日语输出的主观能动性。在课文的总结阶段，可以设计与课文相关、贴近生活的讨论话题，激发学生表达的欲望。同时，教师在阅读课上应有针对性地引导学生了解阅读材料传达的内容信息，让学生注意并写出可进行交际的语言形式的正确表达方式，如措词、句子形式等。另一方面，写作是输出技能的一种，可以检验学生对于阅读输入过程中的词汇、句式等语言知识以及人文知识的掌握程度。在以写作输出为导向的训练中，强化在阅读中习得的语言形式的输入，促进阅读输入内容有更深层次的理解，让学生有文章可读、文化可品，有知识可学，有内容可写，有思想可表，有范文可依，有技巧可循，真正实现语言输入和输出的有机结合。有了读写课内容及形式上的语言"输入"作基础，学生在听说课上就更容易听得懂，说得出。在学生进行了"口语"输出以后，教师还可安排学生将陈述或讨论的内容进行总结，进行书面表达练习。

（3）开展丰富多彩的课外活动。丰富多彩的日语第二课堂活动是课内教学的延伸和渗透，恰好弥补日语学的少、课堂时间有限不能满足学生的练习语言输出的要求等不足。鼓励学生积极参加日语角、日语短剧比赛、日语电影配音比赛、日语歌曲大赛、朗诵比赛等。如日语戏剧比赛，教师在前期准备阶段指导学生边看故事，边记要点，经过一段时间的排练再进行比赛，可以充分锻炼与提高学生口语表达能力及思维组织能力，继而将已有知识和新学知识及时输出，提高学生的日语应用技能。

在"输出驱动假设"理论的指导下，把提高学生的翻译技能、拓宽知识面、培养思维能力和实际应用能力融合在输入、输出的学习过程中，从而激发他们的学习兴趣，为他们语言能力的发展提供更广阔的空间。语言学习一方面要学会利用语言材料建构话语，表达思想，另一方面要从话语中学习新的语言材料，通过大量的翻译课程模块的输入与翻译技能的产出，构建学生独特的语言知识结构体系，进行更规范的输出。"输出驱动假设"凸显输出，并不是不要输入，也不是认为输入不重要。毋庸置疑，输入对学生的日语学习很重要，而且是至关重要的，学生通过大量的阅读和一系列的听力活动，能够不断地接触日语，获取日语知识。从某种意义上讲，没有输入就没有输出。大学日语教学重输入轻输出的理念要改变、要创新，坚持以输入为前提、为条件，以输出为目标、为终结。输入服务于输出，并要凸显输出在日语翻译教学中的积极作用。要改变过去传统的以教师为主的课堂教学模式，在翻译教学中提倡翻译过程教学法，强调以学生为主体，激发学生的自我培养意识，培养学生的综合翻译能力，让学生记录自己的思维过程、参与过程、评价过程，不断获得语言输出的驱动力。坚持以强化学生的输入为前提，培养学生的应用输出为翻译教学目的，将学与用紧密结合，真正提高学生的翻译能力。

三、输出驱动理论的具体实施

（一）输出驱动理论的教学目标

培养具有扎实的日语语言基础知识、专业技能和文化素质的人才，能在外事、经贸、金融、日资企业、文化、教育、科研、港务、旅游等部门从事翻译、商务、教学、研究、管理工作，同时兼备高度社会责任感和高尚思想品德的复合型、应用型高级日语专门人才。从职场需求来看，提高学生输出技能（听、写、译）较提高学生输入技能（听、读）更具社会效应。鉴于此，大学日语教学目标定位应侧重学生输出能力的培养。

（二）输出驱动理论的教学内容

目前，部分高校使用上海外语教育出版社出版的《新编日语·修订本》。该套书供学生听、读和讨论的材料与生活密切关联，但非学生知识框架里的日常生活话题。教材中的内容要突出趣味性，体裁以小故事、对话为主，非信息性较强并有适度抽象思维的人文科普学术文章。教材适用于通用日语教学，供学生打语言基础之用，不能满足大学生毕业后的工作需求。如果作为通用日语教材，该书还存在两方面问题：第一，教材中供学生自由讨论的练习比重太小。听、读、词汇、语法所占比重太多。第二，基本没有让学生表达的练习。这种设计显然没有以"输出"为引导，与"输出驱动假设"理论不符。如何编写出一套或数套符合"输出驱动假设"理论、适合我国目前对日语人才需求的教材，应当受到相关部门的重视。

（三）输出驱动理论的教学方法

部分大学教师常用的教学方法，基本包括以下几种：①小组讨论；②讲授单词和语法；③复述；④概括大意；⑤对话。大学日语教师仍然根据"输出驱动假设"理论来改进教学方法的空间。学生在学习外语时，"语言输出"的积极性还有待进一步提高。

实际上，我国大学日语授课方法大部分还是以教师为中心，实施大班授课，使用传统的教学模式，即教师首先讲解语法和词汇知识，然后学生对所学句型和语法进行练习，最后学生根据模仿的句型来表达自己的观点。课堂上，教师通常占主导地位，很多时间用于讲授语法、词汇及句型，每位学生练习口语的机会并不多，师生互动机会很少。

（四）输出驱动理论的教学评估

测试对教学具有反拨作用，是教学的"指挥棒"。我国当前各种日语测试，注重的还是对语言输入和语言形式的考核，很少有对真实语言输出的考查。一些学校、教师在期末口试前将口试考题告知学生，考试时间为 3 至 4 分钟。有的学生先把话题内容写下来，然后背诵，还有的学生直接使用参考书上的答案进行背诵。这种考评方法和测试标准其实很不严谨，学生口试仿佛是在走过场，谈不上测试的信度和效度。如此的测试无法考量学生真实的口语水平，学生的口语学习不是"输出驱动"，而是应付考试。

第三节　思维创新在日语教学中的应用

一、思维创新教学的设计理念

（一）以语感带动听、说、读、写活动技能

日语是一门实践性很强的课程，离不开听、说、读、写，说话人准确表达自己的意

图，听话人及时适应表达者的语言习惯，准确领会其具体情景的叙述，各种情况都受到某一情景的限制。营造一个相对宽松、和谐的日语环境，让学生置身于语言表达的氛围中，从而能产生一种意想不到的效果。这种环境的设计要以学习日语知识为目标，以交际能力、素质培养为核心，教师可通过自己的语音、语调、动作、表情、姿态、手势把语言变得更加生动有趣，学生通过看景、听音、会意，使音义直接联系，提高用日语思维创新的能力。在运用于实际生活的对话中，学生可以分别扮演不同的角色，这样可以有效地消除他们学习日语的心理障碍，开创敢想、敢说、爱讲的局面。在表演过程中，以语感带动听、说、读、写活动技能是非常重要的。语言的要素有语音、语调、词汇、语法、语篇，这些都不能单一独立、分割开来。学生语言能力的发展不仅是语言逻辑的训练，也不仅是语言规则的推理和演绎，更重要的是通过语言实践而逐步形成语言直觉，也就是语感。语感越强，就越能加速学习和创造性的运用。学生通过大量的口头练习可以在不知不觉中形成用日语思维的习惯。写是各种创新思维能力的综合表现，对学生用日语分析问题、解决问题的能力以及逻辑思维的能力提出了挑战。教师可以要求学生每星期写一篇小对话或小短文或设置某种写作情境，这些都离不开语感的支持。因此，形成良好的语感对语言的学习至关重要。

（二）通过训练增强思维创新的能力

1. 自由对话或小剧表演

在教学中每学完一个对话，教师除了让学生扮演外，还让他们根据所学对话和旧的知识创设情境编排一个新的对话。通过这种训练，学生逐渐会从单纯的方法模仿发展到思维模仿，从而激发他们的思维创新。

2. 看图说话

看图说话不仅能巩固学生所学的语言知识，还能训练他们的想象力和语言表达能力，开发学生的发散思维能力。例如，教师出示一幅图，是某人在家吃早饭的情境。学生考虑几分钟后，以小组的形式编排一段对话，介绍这幅图的内容。

3. 对话接龙

对话接龙就是学生一个接一个地相互衔接地编对话，前一个学生所讲的内容是后一个学生所讲内容的基础，后一个学生所讲的内容是对前一个学生所讲内容的延续和发展。

4. 创设质疑情境

教师让学生由过去的机械接受向主动探索发展，有利于发展学生的创新个性。

进行质疑就是不依赖已有的方法和答案，不轻易认同别人的观点，而是通过自己独立的思考、判断，提出独特的见解，其思维更具挑战性。它敢于摆脱习惯、权威等定式，打破传统、经验的束缚和影响，在一定程度上推动了学生的理解与发散思维的发展。

（三）个人竞争转变为小组合作

小组合作就是教师创设问题情景，学生独立思考、实践或发现，在做好准备的基础上，开展结对子或小组讨论或其他活动，进行小组交流合作学习。小组合作能给予学生面对面交谈和独立运用语言的机会，产生信息的交流，并且在双方的交互活动中获得反馈，给予修正。小组活动能使班上更多的学生在同一时间内投入活动中去，更能营造一种互动的课堂效果和交互的情感气氛，题材多样，使学生学得更自由，有更多的选择、更好的机会说他们想说的话，也就更有责任感，更能发挥自主性。

总而言之，在日语课堂中，教师应通过各种途径，从多方面鼓励学生进行思维创新，它符合启发性教学原则，更能有力地促使学生广泛、灵活地思考，增强学生的想象力和应变能力，激发他们的学习欲望，培养学生思维的敏锐性、流畅性、变通性及独创性。与此同时，还能培养学生敢于创新的精神，为他们的智力发展和创新精神的培养提供有效的途径。

二、学生创新思维能力的培养

（一）日语创新思维能力培养的必要性

1. 教学观念有待提高，缺乏创新思维能力培养目标

由于传统教学观念的影响，日语课堂教学也受到了一定的影响，而日语在很多地方高校还是新兴专业，教师在摸索教学模式的同时仍然习惯以自己的传统教学思想开展教学，课堂灌输现象仍然普遍存在，导致学生创新思维能力培养目标的缺乏。例如，在日语教学过程中，教师每教一个新的语言知识点时，往往眉毛胡子一把抓，试图通过以点带面的形式，一下子把某一知识点一次讲完整、讲透。这种大容量的灌输方式使学生只能被动记录、机械记忆，无法主动思考，不能把语言知识所呈现的意义和用法有机地结合起来，导致学生语言知识运用和语言意义理解的分离，学生思维僵化，主动学习欲望不强。

2. 教学方式单一，创新思维能力培养过程乏力

日语和第一外语英语同作为一门外来语，课堂教学如果没有一定的教学手段支撑、不在必要的情景渲染下，单靠教师一张嘴、一块多媒体白板是难以达到创设教学情境、鼓

励学生积极思考的目的的。尽管教学中受到诸多不足因素的制约，但是日语教师的教学仍有改进的空间。例如，有的教师一门心思沿袭传统、不思改革，守旧心理明显；有的教师自主学习意识不强，没有掌握好现代教学手段，无法起到用其辅助日语教学的作用。学生视野得不到拓宽，学生思维只能止步于课堂的浅层，无法得到深入发展，从而导致学生创新思维能力培养过程乏力，学生学习效果不佳。另外，有的地方高校在各方面条件不够成熟的情况下仓促开设日语专业，之后又不断扩大招生规模，导致日语专业教育面临着很多问题，如师资力量薄弱、教材更新慢、就业指导机制不够完善等。除去一些客观因素的限制，在日语教学中如何培养学生的日语创新思维能力，真正地学会日语、用好日语，这将是一个值得我们深入思考的问题。

（二）学生日语创新思维能力培养的路径

1. 在教学中充分发挥课堂主渠道作用，培养学生创新思维能力

著名的语言学家克鲁姆（Krum）曾经指出，成功的外语课堂教学应在课内创设更多情景，让学生在主动思维下有机会运用自己学到的语言材料。因此，在日语教学中，教师要在课堂教学的不同环节恰到好处地结合教学内容培养学生的创新思维能力。例如，在进行日语会话的时候，日语教师除了让学生自主练习会话外，可以先让他们观看相关的情景对话视频，然后再进行角色扮演，效果会更好。

2. 在教学中激发学生学习日语的兴趣，培养学生的直觉思维

直觉思维是一种迅速对问题结论做出合理的选择、猜测和判断的思维。直觉思维是以对牵涉到的广博知识、领域及其结果的通晓为根据的，也是以对知识的透彻理解，对问题或现象的深入思考为前提的。为此，在课堂教学中就要注意培养学生的学习兴趣。兴趣是人们积极探索某些事物的认识倾向，这种认识倾向在认识过程中有稳定性。兴趣是学生学习的直接动力，学生对所学内容有了兴趣，才能高度集中注意力，积极思考。对某门学科有浓厚兴趣的学生，就能创造性地学习这门学科，获得创造性的成果。在教学中可借用引言、故事及与本课相关的背景知识开辟第二课堂，激发学生的学习兴趣。

3. 在教学中充分运用启发式教学，培养学生的创造思维能力

在教学过程中，日语教师要改变"满堂灌"的传统教法，同时要研究新教法，不能只是"讲透讲深"，还要留有"余味"，设置悬念，让学生自己去品尝、探寻。不仅使学生"学会"，更重要的是使学生"会学"。"不好的教师奉送真理，好的教师是教给学生怎样寻找真理"。授课时着重指出思路，提供线索，再问几个"为什么"，让学生去思考、推测和设

计可能的结论。让学生有所"知"，更让学生有所"思"。课堂提问时，让学生多讨论，可以调动他们的积极性、主动性和创造性。活跃课堂氛围。所提问题要有新意、启发性和迷惑性，组织讨论时要鼓励学生好问、好说、敢想、敢做。允许学生说错、做错，同教师争辩，鼓励他们敢于否定所谓的"权威"定论，敢于"别出心裁""标新立异"。

4. 倡导合作互动，培养拓展学生创新思维空间

在初级阶段的学习中，由于对日本、日语的了解很少或者有的学生是被调剂到日语专业的，因此很多初学日语的学生不知道自己到底对什么感兴趣。这时，需要教师把握学生的兴趣指向，给予多领域的接触，提供更多的选择机会。很多学生会对电影、电视剧、动漫表现出很高的兴趣，但由于他们语言知识不丰富，听懂率不高，很容易发生学习兴趣偏移，即只注意情节，对语言的学习却一知半解。教师应该尽量选择一些内容难度和精读课相当——生词量少、发音标准、语速适中的音频内容作为教材。

5. 通过丰富的课外活动培养学生的创新思维能力

在日语教学中，我们仅通过课堂来培养学生的思维能力是远远不够的，因为学生在过于熟悉的环境下尝试某种活动容易产生疲劳感，时间久了难免会觉得厌烦，从而打击他们的参与热情，不利于学生思维能力培养的持续性，所以教师还要把目光转向更为广阔的空间去探寻培养学生思维能力的途径。日语教学的实践性特征，不仅使教师顺理成章地在课堂给予学生充分思考、自由表达的机会，还要求教师创造条件，为学生提供课外运用日语进行一定数量的语言实践机会，确保学生使用日语进行实践的同时拓宽视野、多向思维。在日语教学实践中，教师可以组织学生参与的课外活动很多。例如，我们可以不定期带学生拜访日语外教，在与外教沟通之后，举办一些简单的派对，充分利用外教资源，近距离地感受日本人的思维方式，帮助学生转变母语思维。教师还可以发挥学校日语角的作用，通过鼓励学生之间的自由交流，提高他们的智力活动水平，有效训练学生的创新思维；日语专业还可以成立日语俱乐部，定期或不定期地举办各种日语歌唱比赛、日语讲故事、日语书法比赛，日语演讲比赛，日剧配音比赛等活动，潜移默化地培养学生思维的灵活性；鼓励学生利用寒暑假时间多参加社会实践活动，比如到相关公司见习、实习、打工等。这样，不仅让学生"学以致用"，还让他们更清楚地认识到学习日语的目的，更新固有的思维模式，使思维能力多样化。

三、日语创新教育的应用实践探索

创新是一个外来词，是从英文 Innovate（动词）或 Innovation（名词）翻译过来的。根

据韦氏词典的定义，创新的含义有两点：引入新概念、新东西和革新，即"革故鼎新"（前所未有）与"引入"（并非前所未有）都属于创新。"现代创新之父"，美籍著名奥地利经济学家熊彼德（Schumpeter）于 1912 年提出了创新论。熊彼德认为，新的或重新组合的或再次发现的知识被引入经济系统的过程是创新。他不仅把创造、重新组合、再次发现视为创新，而且强调"把知识引入经济系统"才算完成创新过程。这恰好与我国目前教育要解决的两个重点问题——培养创新精神和实践能力不谋而合。创新教育是培养学生再次发现的探索能力、"重组知识"的综合能力、应用知识解决问题的实践能力和激发他们的创造能力的一系列教育活动。把创新理论作为指导创新教育的基本原则是非常有必要的，这更符合深化教育改革的实际要求。日语教学工作也必须顺应时代的要求，构建新的模式，探索新的途径。日语课堂教学需要创新。时代在发展，形势在变化，日语教学发展不断呈现出新特点，日语课堂教学要适应新情况、解决新问题，就需要在继承以往日语课堂教学的经验和成果的同时善于创新。离开创新，或简单地沿用过去的思路和办法，日语教学显然难以奏效。

（一）创新教育的特点

创新教育是在创造教育思想的基础上，根据"创造学"和"教育学"原理，针对传统教育中有碍人的创造力提高的问题而提出的。创新教育指的是培养学生综合的创新素质。创新教育由创新意识和动机（触及的是"想不想"创新的问题）、创造精神（决定"敢不敢"创新）、创新能力（包括创造性思维和创造技能，解决的是"能不能"创新的问题）和创造个性（"善不善"创新）等要素组成。创新教育是通过"创造的引导者"——教师应用创造性思维教学策略提供创造的环境，能激发"创造者"——学生的"创造动机"，培养"创造的人格物质"，以发挥创造的潜能，而有创造的行为或结果。就其目的而言，创新教育在于启发学生的创造动机，鼓励学生创造的表现，以增进创造才能的发展。就其内涵来看，创新教育是教师通过课程内容和有计划的教学活动，以激发和增长学生创造行为的一种教学模式。就教师本身来讲，创新教育要求教师因时制宜，变化教学方式进行创造性思维教学。创新的实施过程充分体现了创新教育的特点，认真深入地研究这些特点，对创新教育的发展起着重要的作用。

1. 教育主体个性化

创造心理学认为，人人都有创造欲望，人人都有创造性。人的个性差别是不可否认的。教育必须承认这种差异，并赋予每个人自由发挥的机会和权利，让他们通过选择，在自己擅长的方向上发展，以自己独立的理想和优势去超越、去突破、去创造。

2. 师生关系民主化

作为一名教师，不懂得尊重、平等、信任，就不可能真正地去爱护学生。民主、平等、自由、公正是人类社会的永恒追求。教育必须参照这一价值目标，创造一种相互理解、相互尊重的氛围，学生从"客体"变为"主体"，才能乐观而自信，敢于发表自己的见解，提出自己的质疑，才会变得生动活泼，积极主动，表现出强烈的求知欲和蓬勃的创造力。

3. 教学评价科学化

教学评价科学化应以重视个性为指导原则，从注重共性转向肯定个性，从知识测验转向多种能力测验，从重结果评价转向重过程评价。教学评价是学校教育的一个子系统，它以服务于教学为目的。人的创造力不仅表现在科学研究领域，同时可以表现在政治、商务、管理、组织、艺术、体育等许多领域。尊重个性应成为评价内容的重点，也应成为评价制度改革的指导原则。同时，要从繁杂的知识测验转向多种能力测验，从重结果评价转向重过程评价。

4. 教育方法多样化，教学手段现代化

教学方法多样化指的是教师针对不同的学科、不同的教学内容、不同的学生，应采用多种教学方法与之相适应，切实发展学生的智力，强调启发式教学。随着信息技术的广泛应用，经济社会迅速发展，在创新教育中必须采用新的现代化教学手段。例如，利用互联网教学平台，通过多种形式来激发学生的学习兴趣和创新意识，促进他们的动手能力，从而培养学生的创新能力和实践能力。

（二）培养创新创业型日语人才的必要性

高校外语教育在不同时期、不同背景下的教育目的应该与国家的对外政策和经济建设保持一致。随着我国经济的发展，国家把"大众创业、万众创新"提高到战略发展高度，高校日语专业也应该把培养具有创新创业意识和能力的日语专业人才列入新的人才培养目标中，激发和培养大学生创新、创造的兴趣与热情，促进整个社会的创新和发展。这一目标使得高校要探索新的人才培养模式和教学手段，从而使日语专业的创新创业型教育逐渐趋向完善。大学作为青年学子与社会接触的第一个平台，特别要重视对大学生的创新创业教育。各个专业和学科都应该通过对现有人才培养模式的调整与革新来实现创新创业教育与专业教育的融合，激发和培养大学生创新、创业的兴趣与热情，并最终实现为社会培养

创新型和复合型人才，更好地促进大学生高质量就业、创业，进而促进整个社会的创新和发展。

（三）创新教育在日语教学中的应用

基于以上认识，应该说创造性思维能力和实践性技能训练是创新素质教育的核心。就日语教学来说，传统的教法是教师滔滔不绝地讲语法、讲词汇，学生被动地听。学生的主动性和积极性受到限制，根本谈不上创新和能力的培养。因此，如何在日语教学中拓宽学生思维的空间，达到知识的传授和综合能力培养的协调一致、同步发展，就显得十分重要。

1. 日语课堂教学创新首先要树立正确的学生观

许多研究表明，人的大脑就像一个沉睡的巨人，它比世界上最强大的电脑还要强几千倍。因此，教师要以人为本，相信学生的潜能，相信学生能够独立学习、自主学习，要用发展的眼光看待学生，相信每个学生都有很大的可塑性，是不断变化发展与进步的个体。教师在课堂教学中必须树立正确的学生观，实施"因材施教"，使全体学生自主参与教学活动，激励竞争，形成一个"兵教兵，兵教官，官教兵"，全班学生共同提高的统一整体。教师的任务是教会学生学习，而不应把学生看作只会输入的"机器"，认识到学生也有需要也有感情。

2. 创设教学气氛，给学生安全、自由感，激发学生的创新意识和动机

教师对学生的态度应该是"微笑和点头，专心听他说，鼓励和赞美"。"微笑"代表一种亲密关系，是一种"我不讨厌你"或"喜欢你"的个体表现；"微笑"是增进师生关系的营养剂，也是教师态度改变的第一步骤。"点头"表示接纳对方，是一种鼓励、一种增强，让对方继续表达他的想法。学生看到教师对自己点头，常会受宠若惊，对教师倍感亲切。"专心"是一种专注行为的表现。教师通过眼神、手势、姿态以及适当的日语反应等方式，集中精神与学生沟通。专注行为对学生的影响是鼓励他们自由地说出自己的观点和想法，也就是说教师尊重学生，有一种强而有力的增强作用。"听他说"是一种倾听，除了以耳朵听学生的话外，更要用眼睛注视学生的身体语言。"听"也是解决问题的新方法，在人与人的相处上可以发挥很大的力量。"听"可以减轻情势的紧张与压力，因为不管是一个多么狂暴、愤怒或冲动的场面，当一方在专心倾听的时候，整个气氛就已被缓和了。

3. 培养学生的参与意识和协作精神，是创新教育的动力

教学中要注意发挥教师的指导作用和学生的主体作用。

（1）教师要为学生提供参与教学的机会，不断激发和引导他们的学习兴趣，为他们提供更多的思考、创造时间和空间。例如，在日语教学过程中可以设计这样一个游戏：传话筒。全班学生可以分成四大组，每组的第一个学生是发话人，请后面的学生把话传给最后一个学生（受话人），并阐明游戏规则，受话人接到请求后，用具体动作行为表现出来。这个游戏可以在组与组之间进行比赛，看谁把话传得快、传得对，表演得正确。这样的教法和学法会激发学生的参与热情，学生在亲自参与活动获得成功的过程中，体验到成功的喜悦。

（2）要加强课堂讨论，强化学生的竞争意识和创新意识，培养学生提出问题和解决问题的能力。通过任务，培养学生主动学习的能力；通过小组合作，建立同学之间的协作学习方式，进而提高学习效率；通过交流，学生可以接触到同一话题的多种信息，扩大知识面。

（3）将游戏引入日语课堂，在游戏中培养学生的想象力及参与意识。日语课堂教学活动，不仅是语言知识的传授和能力的训练，更重要的是师生之间、生生之间在信息传递和情感交流中思维的碰撞、新信息的获取。课堂上开展的各种教学活动要以小组成员的合作性活动为主体，以小组目标达成为标准，以小组成绩奖励为评价依据，师生在小组内相互讨论、评价、启发、激励，从而拓展学生的思维空间，提高他们的创造思维能力。

（4）激发求知是创新教育的良好方法。在教学中，教师应善于引导学生于无疑处觅有疑，善于质疑，有意训练学生发现问题的能力。教师可精心设计一组类似的问题，使学生沿着教师引导的逻辑思路步步深入，达到恍然大悟、触类旁通的效果，也可使学生按教师的指导自己去发现、去探索，并得出结论。爱因斯坦曾经说过："提出一个问题往往比解决一个问题更重要。"教师应鼓励学生质疑问难，培养他们敢于标新立异、别出心裁，敢于逾越常规，敢于想象猜测，敢言别人所未言，敢做别人所未做，宁愿冒犯错误的风险，也不要把自己束缚在一个狭小的框内创造品格。一方面，教师要引导学生经常换个角度看问题，多问几个为什么，以便从多角度探索求异；另一方面，教师要引导学生广泛联想，对他们进行发散性思维训练。此外，教师要帮助学生归纳、总结，发现新问题。

（5）培养自学能力是创新教育的关键。教给学生学习方法是优化教育的重要原则。古人云："授之以鱼，不如授之以渔。"这就是说，教师不仅要教给学生知识，更重要的是教会学生获取知识的方法和本领，以适应竞争日益激烈的社会需要。我国著名教育家叶圣陶说过："教是为了不需要教""不教是为了养成学生有一辈子自学的能力"。因此，指导学生正确的学习方法，培养他们良好的学习习惯和自学能力，激发学生学习的积极性是创新教育的关键所在。培养学生自学能力的途径有：开办日语角、日语演讲比赛、日语晚会等形式。通过这些形式尽可能激发学生多动脑、多动口、多动眼、多动手，使他们从中受到激励、启发，产生联想、灵感，增添创造意向，训练和培养创新能力。

四、日语教学中思维创新创业能力培养

随着全球化时代的到来，经济社会发生了巨大变化，高校在大学管理和教学等方面遇到了极大的挑战。如何顺应时代发展的需要，培养创新创业人才，各国高校都做了积极的探索。北京工业大学校长柳贡慧指出，中国要全面实现现代化、从世界大国成为世界强国，高校必须努力培养更多具有国际竞争力的一流人才。这些人才不仅要有知识、更要有文化，不仅要有智慧、更要有担当、有胸怀，不仅要关注中国，更要关注世界、关心全人类。

（一）日语专业创新创业人才培养的意义

创新创业人才的培养是一项系统工程，在高校不仅要营造深厚的创新创业氛围，还要有切实可行的办法。日本东北大学副校长山口昌弘在发言中表示，从政府层面讲，为了使日本高度适应经济社会发展、摆脱困境，进一步保持工业竞争力，同时为了能够培养出更多的高端人才，为年轻一代的创业者营造高度创新的环境，日本政府开展了一系列措施和项目，包括博士学位改革项目、全球创业学科推广项目、领先研究学校计划等。从学校层面看，致力为学生提供优质的学习环境，让学生成长为国际社会中发光发热的个体。

（二）日语专业创新创业人才教育的培养目标

创新创业教育是当今高等教育改革的重点内容，也是新时代高等教育培训目标的一个重大变化。创新创业教育研究目标是通过提高创新创业教育模式，培养大学生的创新创业意识，从而很好地为将来的就业打下基础，很好地解决新时期大学生就业过程中供给和需求之间的矛盾，使高校培养的人才更符合市场需求，从而优化高校的人才培养目标。这在高等教育大众化的今天至关重要。只有培养出高质量的人才，高校才能增加竞争力，从而立于不败之地。

日语专业人才培养结合我院实际，一直进行的是应用型人才培养，注重学生日语实际运用能力的培养。多年来，毕业生走向社会，都呈现出比较受欢迎的趋势，但是尽管如此，在国家坚持高等教育进行创新创业教育的大环境下，如果不审时度势的进行改革的

话，势必会遭到淘汰。日语专业虽然看似距创新创业教育比较遥远，但是通过改革课程设置、课堂教学方法、考核方式等，同样可以培养出创新创业型人才。

（三）日语专业创新创业人才能力培养存在的问题

首先，对当今日语专业创新创业教育存在的问题进行解析。日语专业学生由于受学科特点限制，缺乏创新创业意识，观念陈旧，习惯了按部就班。日语专业教师也普遍缺乏创新创业教育意识，因此无法高水平地指导学生，导致日语专业创新创业教育发展缓慢。日语专业人才培养方案没有体现创新创业教育理念，课程设置没有与时俱进，缺乏创新创业教育课程等，忽视了创新创业教育培养。其次，对当今日语专业创新创业教育存在问题的解决措施进行进一步研究。如何建立一套合理的课程体系，才能有机地将创新创业教育与日语专业融为一体。一直以来，很多人认为外语专业搞创新创业是无稽之谈，不像理工科那样有可行性。打破这种传统观念的束缚将是重中之重。

此外，如何制定一个合理的人才培养方案，既能不失日语专业的本色，又能体现创新创业教育特色。对日语专业学生来说当然日语水平应该是首要的，那么在提高日语水平的同时，如何培养学生的创新意识，提高学生的创新创业能力，这是一个关键问题。再者，培养大学生的创新创业能力，是新时期国家进行高等教育改革的一个新生事物。因此，如何能建造一支具备指导日语专业学生创新创业活动的师资队伍尤为重要。没有一支优秀的师资队伍，学生的创新创业能力培养将是无米之炊。

（四）日语专业创新创业人才能力培养方式

1. 优化日语专业创新创业教育课程体系

开设一些提高创新创业能力的课程，如《创新创业能力实践》《论文写作与学术研究》等。通过这些课程以及实践教学环节的实施，重点培养学生具有运用所学知识和技能提出问题、分析并解决问题的思辨与创新能力；具有运用现代教学手段开展自主学习和合作学习的能力；具有文件查阅、资料收集、发现新问题并能够分析问题和解决问题的一定的创新实践能力。使学生的创新意识有所提高，从而为日后的就业奠定良好的基础。

2. 改革教学方法和考核方式

在基础日语教学中，要多采用交际教学法，创新课堂教学模式。在课堂教学中，教师要营造良好的日语氛围，多开展课堂交际活动。在这类活动中，教师和学生转换传统的角色，学生起主体作用，是活动的重要参加者；教师则起着组织和指导的作用。如开展课前发表、会话表演、辩论、讨论等一系列课堂活动。在这种课堂上交际活动可以打破传统教学的沉闷局面，充分调动学生的学习积极性，促进学生的创新意识的形成。传统的评价方式侧重于期末考试。而期末考试只能测试学生对理论知识点的记忆与理解，并不能真实反映学生日语实践应用水平以及学生的创新能力的培养。因此，要改革传统的评价方式，采用以过程考核为主的评价方式，兼重过程与结果评价，将评价贯穿于课程教学的全过程，实现教、学、评的有机结合。新的评价体系下，平时成绩的比例增加到50%，不仅包括出勤、作业，还包括学生的课堂表现、会话表演、阶段测试等，这样能考查学生分析问题和解决问题的能力，同时促使学生思考如何提高创新能力。

3. 修订日语专业人才培养方案

增加实践教学所占比例。特别是一些能培养学生创新创业能力的课程的学时要相应增加。增加课内实践教学和课外实践教学。课堂教学是实践教学的主要场所，对于外语专业而言，语言应用能力培养本身就是一个反复实践、强化训练的过程，因此课堂实践对外语教学尤为重要。由于课程性质以及教学侧重点不尽相同，具体的实践环节会根据各课程内容进行设计。如实践性很强的日语视听课、日语听与说课等，采用项目教学法、仿真教学法、合作教学法等实践教学方法。

4. 加强创新创业实践能力培养研究

针对日语专业的特点，适当地导入创新创业实践环节：一是建立健全日语专业创新创业教育实践基地。可以采取与企业合作的方式，让学生以在相关企业实习，学习掌握创新创业相关知识，从而为学生们的创业打下良好基础。二是认真贯彻落实国家以及地方的大学生创新创业训练计划，鼓励日语专业学生积极参加各级别的大学生创新创业训练项目以及各类科技创新、创意设计、创业计划等专题竞赛。让学生通过参加各种比赛不断丰富自己、提高自己，积累相关经验，为日后创业打下良好基础。三是鼓励日语专业学生成立相关社团，开展创新创业实践。

5. 努力提高日语专业教师的创新创业能力

一是通过举办各种培训讲座的形式，努力提高日语专业教师的创新意识和创新能力。只有教师的创新能力提高了，才能更好地指导学生。二是加强对创新创业指导教师的监督与考核。可以将此项工作纳入日常的各种评优评先考核体系当中，也可以将其与教师的年终考核挂钩，从而全方面地激发教师的创新创业积极性。三是可以聘请社会各界创新创业方面的优秀人才，通过为学生举办讲座和实际指导学生的各种创新创业项目以及创新比赛的形式，建立一支优秀的创新创业教育师资队伍，从而更好地指导学生的创新创业工作。四是积极鼓励学生参加各种创新活动，对创业优秀的学生可以通过学分置换等形式，减少学生的学业压力，从而使其有更多精力投入创新创业活动当中。

第八章

新时代日语教学中跨文化交际意识以及能力的培养

第一节　跨文化交际意识与跨文化交际能力概述

一、跨文化交际意识

（一）跨文化意识的主要观点

1. "跨文化意识"的提出

"跨文化意识"最早由汉维（R.Hanvey）（1979）提出，指理解和承认人类具有各自创造其独特文化的基本能力。汉维将侨居他国的人的跨文化意识分成四个层次：第一层次，通过旅游、杂志、教科书等对浅层的文化现象有直观了解，但只是浮于表面，如注意到日本人和韩国人常常对客人深深鞠躬，表示敬意；第二层次，通过某种文化冲突了解到与自己文化明显不同的现象，但仍无法以自己文化的模式获得理解；第三层次，进入理性分析阶段，认识到居留国文化虽与自己的文化有差异，却也有异曲同工之处；第四层次，通过对居留国文化的亲身深入体验，开始熟悉该文化，达到理解甚至认同的程度。

汉维认为，获取跨文化意识并非易事，关键在于能否做到尊重居留国文化和乐于深入该文化。他将提高跨文化意识的过程分为四个步骤：第一步，要有尊重当地人生活方式的愿望；第二步，深入当地人的生活并取得他们的承认和信任；第三步，深入了解当地文化和体会当地人的感情；第四步，融入当地文化之中，达到感情相通和立场转变的理想程度。所以，能否做到尊重、参与、移情并愿意作出必要的自我改变以求适应居留国文化是获取跨文化意识成败的关键。

有中国学者认为全球化背景下的跨文化意识主要指多元文化背景下的文化交际参与者的自觉意识，即对文化多元性的意识和对文化差异的宽容态度，对差异文化成员的理解能力，以及对自身文化价值观念及行为方式的觉察和反省。

跨文化意识和文化差异适应能力是进行跨文化交际活动的重要前提，交际的双方都需要首先具备灵活的跨文化交际意识，不局限于单一的文化模式，主动识别交际的对方。交际参与者必须认识到文化的多元性、复杂性，避免文化定型的固定范式，既要防止思维的定型，又要防止对交际情景的忽略。在全球化背景下，交际双方都必须超越传统的文化交际观念，树立跨文化的交际意识。在跨文化交际中，交际双方必须变换角色，争脱单一性文化观的束缚，以动态的观念和意识来看待交际，从具体语境中判断和识别对方的文化模式，容忍、尊重和理解文化差异。

全球化的大环境决定了跨文化交际更具动态的性质。要适应全球语境的发展，必须做好三种知识和意识的准备：目标语言的文化、交际对方的文化和本土文化。这三种要素并不是孤立、静止的。在动态的交际语境中，这三种要素也成为动态的因素。它们相互作用，积极地建构跨文化交际的过程。事实上，交际本身就是一个动态的过程，各种语境因素相互作用和影响。要实现多元文化的交际，就必须把交际定位在相关的动态的语言文化背景下，由交际参与者不断地相互协商，从而实现共同期待的交际目标。

2. 跨文化意识的两种观点

在谈到跨文化意识（或称"文化意识"）时，西方学者通常存在两种观点：一种是将跨文化意识看成认知能力，看成一种知识；另一种是将跨文化意识看成感情和情绪，甚至将其命名为"跨文化敏锐力"。

（1）认知能力论。持认知观点的西方学者在谈到跨文化交际能力的组成部分时，将知识作为一项重要内容。对于什么是"知识"，其共识之处是知识包括信息和理解。汉维提出了一个极为重要的观点：在跨文化交际中，只是了解文化差异是不行的，还必须理解和接受文化差异，而理解与接受文化差异将会遭遇重重障碍，要准确了解和得体处理文化差异所造成的交际障碍，就必须具备跨文化意识。

（2）感情情绪论。持感情情绪论观点的西方学者将跨文化交际过程看成是情感变化或称"跨文化敏锐力"发展的过程，包括以下几个阶段。

①否认，即否认文化差异的存在；

②防卫，即对抗认知到的威胁，以试着保护自己世界观的核心；

③化小，即试图把差异藏匿在文化相似性的伞下，以保护自己的世界观；

④接受，即开始接受文化与行为上的差异；

⑤适应，即开始发展对文化差异的移情能力，并成为双重文化或多重文化的人；

⑥整合，即能够把我族相对主义应用到自己认同之上，而且体验到差异其实是人生愉悦的一部分。这类学者也强调对文化差异的了解，但注重对文化差异保持开放的心理和行为的弹性，突出移情的重大作用。

（二）跨文化意识培养中的障碍

1. 心理定式与偏见

心理定式（也叫刻板印象）与偏见和文化自身一样存在于人们的意识之下，说起来容易，但要真正克服却比较困难。这两种问题的存在根源于我们对"内""外"加以区分的冲动。在大多数情况下，心理定式与偏见的界限并不十分明显，因为心理定式会导致偏见，而偏见也往往与心理定式相关。

（1）心理定式。心理定式妨碍我们与具有不同文化背景的人们相处，不利于顺利开展跨文化交际。首先，心理定式想当然地认为一个群体的所有成员都具有相同的特性，从而抹杀了个体差异；其次，心理定式过于简单、概括甚至是夸张，因为这些定式往往基于半真半假、歪曲乃至错误的信息；最后，心理定式妨碍跨文化交际是因为它们往往会重复和强化交际者对他民族或文化的刻板印象直至成为所谓的"事实"。

（2）偏见。在人际交往和跨文化背景下，偏见往往表现出不同程度的敌意。这种敌意涉及基于自身所处地位而对他民族或他文化表现出的负面情感、观念、行为倾向或者歧视性行为。在跨文化交际中，偏见往往使遭遇歧视的对象处于不利地位，这种不利并非因为这个人的品行有问题，而是由持偏见者的错误判断所致。

2. 民族中心主义

所谓民族中心主义就是按照本族文化的观念和标准去理解和衡量他族文化中的一切，包括人们的行为举止、交际方式、社会习俗、管理模式以及价值观念等。在当今的世界，只有极少数人露骨地宣称自己的文化优越于其他文化。多数人虽然并不这样说，也没有这样明确的看法，但是在观察另一种文化时往往会不自觉地以自己的是非标准为标准，对于与自己文化不同的事物常常做出价值的判断。有的学者认为，任何人都不可能完全避免民族中心主义。尽管我们做出努力去克服自己的民族中心主义，但是我们每个人都是在一定文化中成长起来的，文化是我们心灵的软件，是指导我们行动的指南，是我们戴着的一副滤色镜，要完全摆脱我们在社会化过程中获得的各种观念和看法是不可能的。

3. 文化休克

（1）文化休克的含义。术语"休克"一词源自生理学的概念，指的是人体重要功能的丧失。"文化休克"又称"文化震惊"，是指生活在某一种文化环境中的人初次进入另一种文化环境时所产生的思想混乱与心理上的精神紧张综合征。文化休克是人们对于另一种不熟悉的文化环境的心理反应。通俗地说，一个人从一地迁移到另一地，原来自己熟悉的一套符号、习俗、行为模式、社会关系、价值观念等被另一套新的自己不熟悉的符号、习俗、行为模式、社会关系、价值观念替代，因而在心理上产生焦虑，在情绪上不安定，甚至沮丧。在严重的情况下，会产生各种心理和生理方面的疾病，最严重的甚至会患精神病或者自杀。

（2）文化休克产生的原因。在某种意义上，产生文化休克并不奇怪。作为一个成年人，你花了几十年的时间去学习如何成为自身所处社会的一员。而现在，在一个新的不同的文化中，突然间你只有几周或几个月来完成过去几十年才能完成的学习。而这种与文化习惯相关的冲突通常是难以避免的，这就是为什么文化休克现象会存在的原因。

①地理因素。由于所处的地理位置不同，不同地方的人们有着不同的意识。这是千真万确的，因为他们拥有不同的价值观、人格和血统。当人们来到一个新的地方，他们或多或少都会患文化休克。我们必须承认自然的地理环境是影响东西方国家人民构成价值观的主要因素。

②群体取向和个人取向。西方社会学家倾向于把个人主义摆在首位，而亚洲许多社会学家特别是中国和日本的社会学家则把集体放在首位。

③时间取向因素。可以说时间观念是一个国家认识过去和现在重要性的哲学。怎样控制时间反映了一个国家的价值观。如果我们能很好地理解这一点，我们就能清楚地了解当地的风俗。

④不同的观念。不同的观念会导致不同的口头习惯。以谈判为例，中国的谈判方式通常都是把原则和共同的利害关系放在讨论的第一部分。中国人关心的是长期合作的可能性，因此他们避免在谈判之初就谈及细节，而是把它放到后面再谈。这种就整体原则达成协议的谈判类型是中国人最明显的特点之一。与之相反，美国人在谈判时把重点放在细节上。他们认为条约是一系列完整的受法律约束的并且必须执行的条款。而原则却是可有可无的，或者说它只不过是甜言蜜语而已。

（3）克服文化休克的方法。

①口头交流。在跨文化交际过程中，最重要的是要了解别人说什么。我们必须承认

语言对人类来说是必不可少的。因为语言文字能反映其居住国家的文化观念，如一个公司的代表或代理在与别国的政治领导、雇员或顾客交流时必须懂得他们的语言。其实，在真实意义上，一种语言可以定义一种文化。

②非语言信息。当然，交流不仅是词句或语法。事实上，研究显示，绝大多数信息的意思和效果来自非语言交际。当我们运用语言和非语言信息同时进行交际时，就会发现非语言信息会显得更有力。学习如何在其他文化环境下进行交流，意味着也要学习如何运用非语言信号。

③学习外国的习俗和礼节。一个人如果能懂得并且运用不同场合的礼仪知识，就能够更容易地与交际对象打成一片，使他们倍感亲切自然，感受到你对他们的熟悉、理解和尊重，并且乐于接纳和接近你。不同国家的风俗人情和社交礼仪不同，学习并且理解掌握这些礼节有助于融入异域文化的生活圈。

二、跨文化交际能力

（一）跨文化交际能力的定义

1. 交际能力

"交际能力"这一概念最初来源于社会学，后来延伸到语言学。美国学者海姆斯（D.H.Hymes）在"论交际能力"中第一次提出"交际能力"。海姆斯在提出这一概念时侧重语言的得体性，也就是在使用语言的时候应该更注意符合具体社会环境的要求，即时间、地点、交际对象、内容以及谈话方式等。他认为交际能力应包含4个方面的内容。

（1）语法的正确性，即语言形式要正确；

（2）语言的可行性，即交际对象在心理上的接受度；

（3）语言的得体性，即交谈时要根据具体环境和对象选择得体的语言；

（4）语言的现实性，指语言实现其交际功能并产生相应的影响。

随着"交际能力"概念的提出，语言学家们对交际能力发表了各自不同的看法。其中最具影响力和代表性的是美国的卡纳尔（M.CanMe）、斯温纳（M.Swain）和欧洲的范艾克（VanEk）。在卡纳尔和斯温纳的研究里，他们认为交际能力包括语言能力、社会语言能力、篇章能力和交际策略四个方面。这个观点已经被大多数业界人士认可。范艾克认为交际能力所涵盖的范围应该更大、更全面。他认为外语交际能力应该包括：语言能力，社会语言能力，篇章能力，交际策略，社会文化能力和社会能力。范艾克与卡纳尔和斯温纳的不同之处在于增加了社会能力和文化能力。这两项能力正是范艾克交际能力研究的精彩之处，精彩之处在于它道出了交际能力的本质。

2. 跨文化交际能力的界定

跨文化交际能力是指跨文化交际环境中的交际能力，指具有不同文化背景的人之间进行交际时具有的强烈的跨文化意识，善于识别文化差异，排除文化干扰，成功进行交际的能力。它包括语言交际能力、非语言交际能力、语言规则和交际规则的转化能力及文化适应能力。

（二）跨文化交际能力的核心

1. 文化移情在跨文化交际中的价值

跨文化交际学作为重点研究不同文化之间有效交流和沟通的学问，将文化移情和文化移情能力等问题作为一门显学加以重点研究是应该的，也是必要的。交际主体的认知和情感如果不能摆脱自身本土文化积淀形成的思维定式的影响，冲决自身心理投射而导致的认知雷同框架的束缚，站在他者的公平客观的立场上进行体验，即进行有效的文化移情，要想自觉地避免因文化差异而产生的文化冲突，让多元文化通过磨合、渗透、互馈并在此基础上达到新的建构，最终出现多元"和而不同"的理想境界，也是不可能的。

在跨文化交际中，不同文化背景的交际主体由于文化取向、价值观念、宗教信仰、伦理规范、思维方式、生活方式等方面的个性特征，使他们在信息的编码和译码、言语和非言语行为、语言使用规律、语篇组织结构等众多方面表现都出差异性。不能正视、感知和调解这些因文化不同而表现出的文化差异，在跨文化交际中容易引发误解、偏见、纠纷、摩擦和矛盾，这也是在跨文化交际中需要文化移情以及需要提高文化移情能力的充足理由。

文化差异性的存在既是客观的，又是十分正常的。正是因为文化的多样性和差异性才表现出文化的丰富性和生动性，使多样性的文化在发展中呈现勃勃生机。文化的多样性促使不同文化之间竞争高下，促使人们从异质文化中看到应该学习的长处，诱发人们的灵感促使文化的革新，因此没有文化的多样性和差异性，也就谈不上文化的丰富性和创新性，也就没有文化移情和提高文化移情能力的必要。

全球化加剧了人类文化的多样性和差异性。地球由于交通和通信等的日益发达而变得越来越小，促使了个人层面上的全球化，即个人生活越来越超越自己原有的生存空间而具有显著的跨国特征。"一人多地制"和"一人多时制"的现象会越来越普遍。只有自觉地进行文化移情，在心理和情感等方面超越本土文化的羁绊，做一个多元文化人，才能有效地同不同文化背景的人和谐相处，减少文化摩擦，适应社会发展的需要。在大学日语教学中，重视文化移情，使学生掌握文化移情的艺术和方法，可以提高他们的日语综合应用能力，在跨文化交际中减少由文化错误而引发文化冲突，达到双向顺利沟通的效果。

移情概念，虽然现在已经从美学领域扩大到了认知心理学和跨文化交际学等多个领域，但是对于这一复杂现象的探讨至今仍是众说纷纭，见仁见智。正如汤姆·布鲁诺所说："移情的概念和过程是深刻的、复杂的。从以往的研究中总结出来的观点不胜枚举。移情远不是一个简单的变数或因数。总结以前的研究，讨论移情过程所具有的潜在的作用和功能是很有必要的。"

2. 文化移情与跨文化交际能力

在跨文化交际或大学日语教学过程中，跨文化交际能力的重要性已经越来越充分地显示出来。它已经成为跨文化交际主体能否有效感知和弥合不同文化之间的差异，防止出现因为文化的误解而导致文化冲突的重要内容，成为影响跨文化交际质量、效果和进程的重要因素。就大学日语教学而言，对于文化移情能力的教育和训练，是培养学生跨文化交际能力的重要内容。

跨文化交际能力是一项综合性的能力，表现为一个内容丰富，构成要素复杂而多样的能力系统。鲁本（Ruben）将跨文化交际能力分为7种要素：一是向对方表示尊敬和对其持积极态度的能力；二是采取描述性、非评价性和非判断性态度的能力；三是最大限度地了解对方的个性的能力；四是移情能力；五是应付不同情景的灵活机动能力；六是轮流交谈的相互交往能力；七是能够容忍新的和含糊不清的情景，并能从容不迫地对其做出反应的能力。

在跨文化交际中经常会出现的民族文化中心主义、部落主义等文化偏见，是影响不同文化沟通的无形心理障碍。只有提高文化移情能力，才能在跨文化交际中冲破这种障碍，达到有效交流和沟通的目的。早在17世纪，英国著名学者培根（Bacon）就将种族中心主义视为妨碍知识获得的重要障碍。他认为，要获得科学的知识，必须首先扫除妨碍科学知识发展的幻想和偏见。他把这些幻想和偏见统称为4种偶像。其一，"种族偶像"，即人们只是站在本种族的立场上观察问题，使认识达不到客观性和科学性；其二，"洞穴偶像"，即每一个个人因自己所受的教育、自己的嗜好、习惯、社会环境等所形成的偏见；其三，"市场偶像"，即人们由于习惯于流行的观念，使用不恰当、不正确的言语、词汇而引起的错误；其四，"剧场偶像"，即由于人们盲目信仰权威、教条而造成的偏见。培根所说的这4种偶像，在现实生活中的存在具有相当的普遍性。民族文化中心主义和文化部落主义等思想观念也属于培根所说的偶像。人们总是生活在本民族的特定的时间和空间之中，人们的生活方式、思维方式、情感方式和交往方式等都会深深地打上本民族文化的烙印，各种偶像的存在是客观的和真实的，它构成了影响跨文化交际双向沟通的无形障碍和软瓶颈。只有通过文化移情，才能有效地克服这4种偶像，既能达到对事物的客观公正如实的认识，又能在不同交际主体之间建立起超越文化阻碍的桥梁，顺利地实现双向的交流和沟通。

跨文化交际作为多元文化之间的交往活动，提高文化移情能力，能够增加对他国文化的了解，缩小不同文化之间因为价值观所形成的心理距离，减少因为文化价值观的差异而导致的文化障碍。在跨文化交际中，因为文化差异而导致的沟通障碍是经常会出现的。美国学者菲利普·哈里斯（Philip R.Harris）认为，沟通是一个循环的相互影响的过程，这个过程包括信息发出者、接受者和信息本身。在人类相互沟通的过程中，信息的发送者或接受者可以是一个人，也可以是一群人。信息通过一个媒介或信号得以传递，这个媒介可以是语言的，也可以是非语言的。当发送者来自一种文化背景，而接受者来自另一种文化背景的时候，就出现了文化差异，这就需要通过文化移情来有效地克服这种文化差异。文化差异最突出的表现为价值观的差异。文化价值观是支配人们跨文化交际行为的核心内容，克尔·普罗瑟（Michael Prosser）认为，"价值观是个人或群体主要通过文化交际构成的模式，它们是最深层的文化，我们认为所有的人都有价值观。"价值观使同一文化中的成员知道好坏、是非、真假、积极与消极，规定了人们的行为准则，成了人们在做出选择和解决争端时作为依据的一种习得的规则体系。价值观决定了人们的信仰、态度和行动。来自不同文化背景的人们，如果各自都从自己的价值观出发，文化差异就出现了。在跨文化交际中只有通过认知移情和交际移情，才能在认知的基础上对他人的情感、情绪状态做出正确的反应和反馈，即在感情上产生共鸣，把自己投射到他人所处的境遇中去体验他人的情感和情绪，做到将心比心，推己及人，使不同文化顺利交流和沟通。

第二节　日语教学中跨文化交际意识的培养

一、跨文化交际意识以文化教学为依托

（一）文化差异影响跨文化交际

跨文化交际已经成为世界上各民族生活中所面临的多科性和交叉性的新学科。虽然

大家都在努力学习对象国的语言，但是在实际交流中仍然出现诸多不尽如人意之处。众所周知，语言是文化的重要载体，是文化的主要表现形式之一。但是，如果只懂得对象国的语言，不了解该国家的文化，即使掌握再多的语法和词汇，也未必能够顺利地交流。因为各民族间的文化差异使跨文化交际面临诸多障碍。克服这种障碍是外语教学所面临的重要问题。同一种意思，由于表达方式不同，所显示出的效果也相差悬殊。这种语言表达上的差异来源于民族间的文化的不同。要避免这种现象的发生，就需要在教授外语的同时融入文化内容，把语言教学和文化教学有机地结合起来，让学生学到综合了文化的立体性知识。

（二）文学作品的优化日语教学

日语教学不只是教授一门语言，在教学中必然会涉及两种不同文化之间的碰撞与融合。在日语教学中我们强调文化教育，旨在培养学生的跨文化意识，提高学生的跨文化交际能力。

格拉德斯通（Gladerstone）曾经说过："语言和文化紧密地交织在一起，语言是整个文化的产物或结果，又是形成并沟通文化的中介。"由此可见，在日语教学中，一定要融入文化教育，才会是完整的教学过程。我们要培养学生的跨文化意识，目的在于提高他们的跨文化交际的能力。这里所说的"跨文化交际"是指本族语者与非本族语者之间的交际，也指任何在语言和文化背景方面有差异的人们之间的交际。

在日语教学中，我们严格按照循序渐进、由浅入深、由表及里的顺序，让学生逐渐理解和使用跨文化知识。比如，在日语教学中，除了准确地教授语法词汇等内容外，还要告诉学生"和"文化在日本的民族中占有重要的地位，以和为贵，表达对别人的尊重。日本人一般多采用委婉、含蓄的表达方式与他人沟通。委婉、含蓄的表达方式是广义的修辞手段，其目的或者为了追求审美效果（如在文学作品中），或者为了使语言活动顺利圆满地进行，达到更好的交际效果。世界各种语言都有这种表达方式，但日语的形式之多、应用之广是其他语言所罕见的。在谈话中采用推测句，疑问句代替断定句就是常用的表达方式之一。

语言与文化密不可分。如果不熟悉所学语言国家的社会、文化、传统、风俗等，就不能正确理解和真正掌握这种语言。在日语教学中如果只偏重结构和语法，课堂上的大部分时间都用在讲解词汇和句法上，不考虑词汇的内涵和社会文化等因素，将导致学生虽然语言基础知识不错，却不具备真正的社交能力，在实际的交往中出现问题或是无法互通信息。正如美国语言学家萨丕尔（Sapir）在 *Language* 一书中指出的那样："语言有一个环境。它不能脱离文化而存在。不能脱离社会继承下来的传统和信念。"语言不能脱离文化而存在，人生活在社会文化环境中，人的一切行为不可避免地要受到社会文化模式的制约，语言交际行为也不例外。对所学语言国家的文化了解得越深刻、越细致就越能正确理解和准确使用这种语言。

二、听力理解中培养跨文化交际意识

外语教学的最终目的是培养学习者的跨文化交际能力，而语言知识和技能是语言交际的基础，但是有了语言能力不等于就具备了跨文化交际能力。那么在听力理解过程中，需要在掌握语言基本知识的基础上运用已知的背景文化知识去完成信息解码和意义重建，也就是在听力过程中，能够准确地理解信息，并恰当地、灵活地给予反馈。

（一）培养跨文化交际自信心

扎实的日语基础知识，是提高听力理解效果的基础。首先，学习者需要掌握标准的日语语音语调，在入门阶段，跟读训练是有效的训练方法，对语音、语调、语速、节奏感等方面都会有很大的帮助。其次，词汇量缺乏必然会影响听力理解，所以在不断积累的过程中，需要注意词汇的变化形式以及在不同语境的具体活用，以及词汇的文化背景知识，对日语独特的语言特征的理解与掌握，也起着关键作用。另外，影响跨文化交际的因素有交际心理障碍，恐惧错误、自卑、文化偏见等，这些都会干扰交际效果。因此，在日语听力教学中，首先要使学习者树立健康的文化观，培养对日语的兴趣，正确看待中日两国的差异，避免排他性。正确对待母语文化负迁移现象，使学习者能够认识到这种负迁移现象是外语学习中必然会产生的现象，随着学习的深入会逐步减少。

（二）通过对比培养跨文化交际意识

比较法也是听力训练中比较重要的方法之一。在对听力资料训练前，通过课前关键词，比较中日文化差异。比如，听力材料的主题为"运动"时，一方面，可以深入探讨日本具有代表性的体育运动以及俱乐部制在日本基础教育中的普及，运动员奋斗信念中"日本第一"的精神对日本人行为模式产生的影响。另一方面，中国经过 2008 年北京奥运会出现的全面健身的人潮，反映出中国人对于运动发生的观念变化。通过关键词的展开，扩展了知识面，加深了对中日风俗习惯、行为准则、价值观等方面差异的理解，对于提高听力理解和提高跨文化交际意识有很大的帮助。

（三）网络多媒体的运用

网络视频技术的高速发展为外语学习提供了有利的学习手段，通过网络可以了解日本最新的社会动态。网络为日语听力训练提供了最新的听力材料，可视资源可以激发学习者的兴趣，直观地了解日本的人文地理情况，加深对日本背景文化的了解，因此是听力理解不可缺少的训练资源。但是，如果资料选择或者利用不恰当，会造成学习者只片面关注视频效果，忽略了学习目的以及有效信息的捕捉，所以在视频的选择上，可以采取将无字幕与带有日文字幕相结合的方式，并注意时间的选取不宜过长，视频内容也需要有选择地截取，在观看视频与听取内容过程中，能够关注细节，注意中日文化差异、交际的技巧。

第三节 日语教学中跨文化交际能力的培养

一、跨文化交际是顺应日语教学的必然选择

语言与文化是相携共生的，日语教学同样如此。随着中日经贸关系的不断深入，对日语人才需求更加紧迫，而精通日语又同时知晓日本文化的综合性人才却相对缺乏。跨文化交际是日语教学必须面对的首要问题，也是贯穿跨文化思想认知和交际习惯的主要障碍，无论是日常生活还是商务活动，日语教学要依托日本特定的文化背景，在思维习惯及文化习俗中来融入文化的特殊性，既有助于提升学生对日本文化的理解，又能够促进日语教学实践中的文化渗透，更是顺应时代发展的必然选择。

二、跨文化视野下日语教学与能力培养策略

（一）跨文化交际视野中的日语教学

跨文化交际能力的培养不仅有助于预见和解决现实生活交际中出现的诸多问题，增加我们对日本文化的了解，同时可以拓宽语言研究的社会面，将语言研究和跨文化研究有机结合起来，这在理论上和日语教学实践中都有积极的实际意义。对这门学科的深入研究，不仅提供了探讨语言交际的新理论依据和实践角度，而且使日语教学的内容得以充实

和丰富。

跨文化交际与日语教学密不可分，这是因为日语教学不仅是传授语言知识，更重要的是培养学生的交际能力，尤其是灵活有效地运用日语进行跨文化交际的能力。因此，从这个意义出发，将日语教学者看作跨文化教育的一环更加恰当。随着现代化社会的发展，社会对大学毕业生的日语实际运用能力也提出了更高的要求。但是我们的日语教育却明显滞后，原因在于应试教育带来的负面影响，以及传统的日语教育观深深束缚着教师的手脚。

传统日语教学往往只重视信息的接收，却忽略信息的发出，这导致虽然学生的综合语言能力较强，但是跨文化理解能力差，缺乏社会文化交际技能。在实际交际中，语言失误可以得到对方的谅解，而语用失误、文化的误解则会造成摩擦，甚至导致交际失败。

（二）跨文化交际日语教学策略

日语教学的根本目的是与不同文化背景的人进行交流，实现有效的跨文化交际。全面提高日语教学的水平，大幅增强学生的外语实际应用能力，这是跨世纪的中国高等教育的一项紧迫任务。为了实现这个目标，我们要真正认识到外语是跨文化教育的关键一环，把语言看作与社会、文化密不可分的一个整体，并在教学大纲、教材设置、课堂教学、语言测试中全面反映出来。

人类的交际不仅是一种语言现象，也是一种跨文化现象。日语教学的目的是交流，而在中国目前的教学体系中，大学日语教学的侧重点都放在了语言知识的传授上，忽略了跨文化交际能力的培养。因此，教师要转变自己的观念，切实认识到文化冲突的危害性和培养学生跨文化交际能力的重要性，同时还要采用相应的策略和教学方法。

1. 转变观念

在中国，日语教学大多只在课堂上进行，教师起着绝对的主导作用。因此，授课教师要转变观念，通过加强学习、不断进行知识更新，提高自身的综合文化素质，切实全面地把握日语文化知识教育的量与度以及教学的具体步骤和方法，加强师生互动，改善课堂氛围，注意课下引导与点拨，全面提高日语教学水平，以达到预期的教学目的。

2. 改进传统的教学方式

大学日语教学往往都把侧重点放在语言知识的传授上，而忽略了跨文化交际能力的培养。为了改变这种局面，我们应该改进单一呆板的教学方法，从质和量两个方面对课堂教学中的文化教学加以控制，并利用如电影、互联网等先进的现代化教学手段来充分调动学生的学习积极主动性，同时还可以举办一些专题讲座，以满足学生的求知欲望，为培养出具有较高跨文化交际能力的人才搭建平台。

3. 对跨文化人才的引入与输出

跨文化交际对日语教师教学提出了更高要求，而教师在日常教学中，一方面需要从知识的积累和文化的认知中来提升教学的文化情境，另一方面还要从教师的知识结构优化上，积极参与到日本商务活动中。教师作为课堂教学的组织者，其文化素养水平决定了日语教学的文化渗透能力。因此，在师资培训与师资引进上，校内教师要学着"走出去"，校外精英要"请进来"，以此来拓宽校内外日语教学实践渠道，增进学生对文化的认知与体会。另外，开展日本文化知识讲座，邀请日本文化人士交流共建，特别是对日本礼仪文化、日本企业文化、日本生活实践等文化的讲解，可以激发学生对日本文化的学习热情，拉近学生对日本文化的距离，拓宽日语国际交流。

4. 注重日语理论教学与日本文化的融合

意识是行动的指南。在日语教学中强化日本文化融合。首先，从课程知识构建中，凸显日本文化的教学实践，在课堂教学目标和培养学生能力上，要从日语贸易实务、日语函电、日语文章选读等方面增进文化的教学，特别是引导学生认识日本文化，探析中日文化的差异性。在日语课程设置中，强化日本礼仪、日本企业文化、日语交际文化知识的学习，从理论和实践上拓宽学生的视野，增强对日本跨文化交际能力的培养。其次，改进日语教学方法，从教学实效性上注重教师教学内容的构建，最大化地激发学生的学习潜能，挖掘学生对日本文化、日语素养的提升途径。如在讲授日语函电时，可以从分析与总结日语函电在词汇、语篇等文体上的使用特征，来深入探讨日语函电所隐含的文化意义，并由此来增进学生对日本文化的理解。最后，借助多媒体技术，从资源信息共享中挖掘生动的教学素材，尤其是日本本土性文化知识和地道的日语发音资料，让学生能够从视频等声像资料中汲取新鲜的语言知识，增进学习兴趣，也拓展和延伸了学生的知识理论层次。

5. 注重语言实践能力的培养与日语交际能力的养成

语言的学习在于应用，日语教学同样是为了实现对日语的交际。为此，注重跨文化语境下学生日语交际能力的培养，主要从以下几点着手。一是注重对日语交际平台的搭建，从日常课堂教学延伸到课外，让学生能够从理论学习与实践运用中提升自身的交际能力。如组织学生参与日本的教学活动，以学术交流来拓宽日语学习平台，通过开展模拟训练教学实例，让学生在情境教学中理解日语文化氛围，增进对日语的情感把握，尤其是对于日本礼仪、文化特征的体验，从活动中来掌握必要的日语交际能力。二是注重对校外实训基地的构筑，日语人才的培养需要在课堂的延伸中达到与实践的融合，对于日语教学与实训，可以利用旅游文化交流、翻译文化交流等渠道来增强学生的实训效果。与日方企业建立合作关系，一方面增进学生的实训教学，另一方面了解人才培训方向及任务，以改进日语教学方法，为学生搭建理论学习与实训实践相融合的广阔平台，促进日语综合性人才的培养。

6. 引导学生广泛接触日本文化知识

大学里学生有较充分的可支配时间，仅依靠教师在课堂上的教学来培养跨文化交际能力是远不够的，教师要引导学生充分利用课外时间广泛阅读日本文学作品、报纸杂志等材料，从中汲取文化精华，提高文化素养，拓宽文化视野，增强跨文化交际能力。另外，还要鼓励学生直接和日籍教师交流，听日籍教师做报告或讲课，在交流中起到潜移默化的作用。

7. 重视师资培训，加强教师的跨文化训练

培养具有跨文化交际能力的日语教师并非一件简单的事情，不可能通过一两次短期的研修培训就能做到，它是一个复杂、长期的过程。对于其培训可以从跨文化交际教学、文化知识以及跨文化交际能力等模块进行。

（1）跨文化交际教学经验培训。院系要重视日语教师跨文化交际教学培训，加强师资队伍建设，提高教学团队整体水平。培训的方式必须多样化。首先，最有效的培训方式是"本土化"教学培训，可以通过参加团队协同活动，包括读书会、集体备课、教师间互相参阅教案、教情和学情研讨等，共同研究探讨教学工作中出现的各类问题。教师要互相听课评课，通过举办观摩课活动、模拟教学、课件展示活动和课堂录像等方式，引导教师注重教学环节、教学基本功的训练，注重教学方法、教学艺术的培养，让互相听课的教师一起分享讨论、反思自己的跨文化教学经历和体会，在这一过程中教师自身也要经常有意识地记录自己的跨文化交际教学体会，为以后在课堂上的实践应用教学提供素材。其次，教师可以通过参加日语教学研讨会、参加国内学术会议等方式，分享自己的教学成果，也可以带着问题参加会议，与其他教师进行交流，共同讨论解决跨文化教学中出现的问题。开阔年轻教师眼界，增加对外学术交流，了解外界科研、教学改革信息，及时获得教学改革经验与最新研究成果，不断充实自己，提高跨文化交际科研工作能力和教学质量。最后，还可以到国内外知名重点高等院校聘请客座教授，或以安排讲座的形式邀请知名教授对师生进行跨文化日语讲座。经过培训，教师要具有并提高跨文化的敏感性，有意识地进

行文化教学，并能理解分析中日文化的差异，根据中日不同文化调整自己的交际方式。对于教师跨文化交际教学的培训应该从教师自身跨文化素养的提升方面进行，设计文化教学大纲和教案，并选择有效的文化教学方法，合理使用并补充跨文化交际教材。

（2）文化知识培训。这方面的培训可以帮助教师补充跨文化知识，理解并掌握跨文化交际能力，认识汉语文化与日语文化之间的差异以及日语作为跨文化交际中介语的作用。日语教师在日常生活与工作中会无意识地使用跨文化交际的框架进行日语交流。在教学过程中，如何使教师有意识地使用文化框架进行跨文化交际教学，这是在培训过程中需要重点解决的问题之一。高校日语教师师资队伍整体年轻、思维活跃，掌握的日语语言知识丰富，对于不同民族文化的差异也有大致了解，因此此项内容的培训不应作为主要任务。重要的是他们大都缺乏对于跨文化交际的真实体验，跨文化的敏感性与交际能力相对比较薄弱，此项内容才应该作为重点培训。

（3）教师跨文化能力的培训。教师跨文化能力的培训比文化知识、文化意识以及文化教学的培训更加复杂、实践性更强。跨文化交际能力的培训可以从跨文化模拟练习、真实的文化交流摩擦、模拟实训环境开始，引起教师强烈的感性认识，找到如何克服文化冲突中困难的方法。这一培训可以使教师对跨文化交际存在的文化冲突有比较强烈的认识，让教师自己对于如何克服跨文化交际实践中遇到的困难有更深入的体验。开始阶段可以通过跨文化学术或教学讲座、阅读相关跨文化冲突实例，如通过经典案例的研究与讨论、同行介绍经验等，让教师了解不同交际风格可能产生的交际冲突和误解，观看中日商务人员交往的具体案例，了解跨文化冲突产生的过程，从理性上调整、吸取更好的经验，防范交际误区。另外，还可以通过观察、到日本体验交流等方式进行培训。比如，教师可以到日企见习，或与日籍教师经常交流，通过观察与体验等实践相结合的方式掌握丰富的日本文化知识，用日语讨论日本、讨论中国、讨论世界，从而实现跨文化交际实践能力的提升。这一培训可以让教师进一步了解跨文化交际与交流合作以及产生的冲突，并进行讨论、交流、反思等。值得提醒的是，在整个培训过程中，教师要不断进行实践并不断进行反思，这样才能更有效增强自己的跨文化交际能力。

许多高校或多或少都有日语外教，学校一般都有两个日语外教，我们要充分利用这些资源。外籍教师能根据自身经验生动形象地介绍日本的社会情况、文化生活、风土人情等，其中有些知识是学生在书本上学不到的。因此，要鼓励学生多和外教交流，并通过外教亲身体验日本料理、日本和服等日常文化。同时，与外教的交流也可以练习口语并熟悉与日本人交往的一些基本知识、礼仪，有利于实际运用所学的语言、文化知识，提高自身的日语交际能力。

三、跨文化交际能力培养的原则

学生学习日语的目的是获得交际能力，而交际能力的提高依赖语言知识和各种非语言知识的逐步积累。日语教学中，在强调语言知识讲授与训练的同时，应向学生传授与语言知识有关的各种其他知识，包括语境知识、语用知识、文化知识，并特别注意培养学生的跨文化意识。在日语教学中，培养跨文化交际能力需把握以下原则。

（一）实用性原则

实用性原则是指文化导入要注重与日常交际的主要方面紧密联系，对于那些干扰交流的文化因素，应该详细讲解，反复操练，做到学以致用。日语教学阶段的文化导入必须遵循实用、分阶段和适度的原则。实用性原则与语言内容密切相关，与日常交流所涉及的主要方面密切相关。

在日语教学中，与学生所学知识相关的文化会更吸引学生。文化教学结合语言交流实践，有利于学生对所学知识的掌握，使学生不至于认为语言和文化的关系过于抽象、空洞和捉摸不定，还可以激发学生学习语言和文化的兴趣。比如数字"13"，在日语里代表厄运，那么在与日语国家的人交往时就要注意他们的这种忌讳，不要安排他们住 13 楼、13 号房间，会面的日子也最好不要定为 13 号，还有要特别注意尊重日语国家人的隐私，不要探听对方的收入、年龄、婚姻状况等。与对方的身体接触也要注意，他们比较尊重个人空间，人与人之间较多地保持着一定的距离，尤其是同性之间的身体接触更是不受欢迎的。凡是这类直接影响信息准确传递的文化知识，在课堂教学时就要传授给学生，让文化教学与语言教学紧密结合，激发学生学习语言知识和文化知识的兴趣，也使学生了解语言和文化的密切关系。

（二）关系原则

1. 普通原则与特殊原则的关系

培养学生的跨文化交际能力不仅要遵循日语教学的普遍原则，还应当始终贯彻一些特殊的原则。特殊原则与外语教学的普遍原则相辅相成，互为促进。所谓的特殊原则可综合为以下几点。

（1）语法原则，把语法知识的讲练放在一定的地位，并突出不同于学生母语语法的难点。

（2）交际原则，把语言结构与语境和功能结合起来，使学生了解语言结构和语言功能表达的多样性，并得体地运用语言进行交际。

（3）文化原则，采用对比分析方法使学生了解不同民族语言的文化差异，学会不同文化交际模式，增强语言交际的跨文化意识。

2. 语言能力和交际能力的关系

只有了解并掌握不同文化背景，人们才能够在各种交际活动中识别目的语文化所特有的言语和非言语行为，并且能够理解和解释其社会功能，从而在交际中有意识地注意语言的使用环境和场合，自觉地遵守目的语的使用规则，达到有效交际的目的。由此可见，掌握一定的语言知识并不意味着能讲合乎规范的、得体的语言。语言能力的提高是交际能力培养的基础，交际能力的具备是语言学习的最终目标和任务。在日语教学中，教师既要注意给学生打下扎实的语言知识基础，使学生掌握正确的语言形式，又要重视学生交际能力的培养，做到两者兼顾，并行不悖，使学生成为既是语言知识的掌握者又是语言知识的运用者，能够恰当、得体地运用日语进行交际。

四、学生跨文化交际能力培养的策略

（一）深入了解日本文化

尽管中日两国同是东亚国家，互相毗邻，一衣带水，有着深厚的历史文化渊源，但是由于地理环境、社会状况、宗教信仰、风俗习惯等因素的制约，两国文化还存在着极大的差别。因而学生可以通过学习跨文化交际的知识，提高自身跨文化交际能力，进行跨文化交际和比较，全面深刻地了解日本文化，而对日本文化的深入了解，还可以反过来促进跨文化交际能力的提高，二者相互作用，相互影响。

（二）建立敏锐的跨文化意识

学生对跨文化交际的学习过程本身就是一种跨文化的活动。敏锐的跨文化意识和广阔的视野是一个优秀的跨文化交际学习者应具备的素质。一个人的观念和行为往往是特定文化的产物，因此学生需要了解不同文化的特点，特别是日本文化的特点以及这些特点是如何影响人们的交际和日常行为、教育和学习方式的。具有敏锐的跨文化意识的学生才能正确理解文化差异，有效而得体地与不同文化背景的人进行沟通和交流，从容地应对跨文化交际中的误解和冲突。

学生跨文化意识对日语的学习具有十分重要的作用，但是学生跨文化意识的养成是在教师能够具有跨文化意识的前提之下，因此增强教师文化意识，增加教师的文化体验，提升教师的文化涵养是培养学生跨文化交际能力的基础与前提。大学生日语人才的培养模式随着市场的需求发生了重大的变化，对高校日语教学改革来说，必然要对教师在专业素质与文化素质方面提出了更高的要求。

首先，日语人才培养模式的转变不仅体现在高校具体的实施策略，还体现在高校教育思想的改变。对于日语教学来说，教师观念的改变才是日语跨文化教学的根本。很显然，传统教学思想已经不能适应新时期日语教学的需要，因此转变教师和学生的观念至关重要。加强教师培训，增强文化教学的意识，掌握文化教学的原则和方法，培养反思教学和课堂教学研究的能力是重要途径。

其次，高校应该提出更具体的策略实现教师的经验积累，最理想的方式就是校企合作。日语人才培养的要求更加强调应用性，这就要求教师不仅应具备良好的外语语言功底，掌握较为扎实的外语教学理论，还应该具有更厚实的实践经验和日本文化知识。任何语言的教授与学习都需要一定的语言环境，教师深入日企一线，不仅能增加高校与企业的交流经验，而且能训练自己的日语口语，从而更好地为学生服务。另外，校企合作还能扩大高校日语教师队伍，高校可以聘请国内外知名企业专家参与专业人才培养方案的制定，聘请企业、行业专家承担专业课和实践教学任务。

最后，高校在教师的专业素养得到一定的提升之后要关注教师的日本文化素养，具体的方法如下：定期派送专业教师赴日进修以提升语言、文化素养，这是很好的提升教师日本文化素养的方式，但是鉴于国内高校的实际情况，这种方式存在一定的局限性。高校要摆脱传统日语教学的条条框框，积极引导和鼓励教师从事跨文化领域的教学改革研究和科研工作等。在高校的全力配合与教师的不懈努力之下，相信新时期的日语教学一定会焕发更加夺目的光彩。

（三）提高文化适应的能力

如何适应新的文化环境是每一个到海外留学的学生都要面临的现实问题。具体包括四个方面：从语言层面来看，日本留学生汉语口头表达能力相对较差，使用汉语进行交流的机会有限；从生活层面来看，日本学生对于空气质量、公共卫生环境以及服务态度难以适应；从心理层面来看，日本留学生容易出现思乡、缺乏安全感、学习压力较大等问题；从文化层面来看，日本留学生对传统艺术和历史缺乏兴趣，了解不足。当然，到新的文化中生活和工作，人们常常会经历"文化休克"。了解跨文化适应的过程和特点，特别是"文化休克"的表现、原因和对策，可以帮助学生提高文化适应能力，做好应对困难的心理准备，愉快而有效地完成学习任务。

（四）具备开放、宽容、尊重的文化态度

学习跨文化交际的目标之一是建立一种对待不同文化的积极态度。每一个进行跨文化交际的人都代表着中国人的形象，其自身的表现会影响外国人对中国文化的印象和看法。在中国经济日益发展、国际影响力日益增强的今天，学生应该警惕出现狭隘的民族主义情绪，摒弃民族中心主义的态度，以开放、宽容、尊重的态度看待中国文化和日本文化之间的差异。只有具有这种积极的态度，才会赢得他人的尊重和信任，与日本文化背景的人们建立更加真诚、和谐的关系。每一种文化都有其优势，对于日本文化的优秀部分，我们必须以虚心的态度、包容的态度面对它。

（五）掌握提高跨文化交际能力的策略

学生进行日语学习的主要目标之一是培养自身的跨文化交际能力。因为语言和文化有密切的关系，所以日语学习离不开文化学习。人们常说这样一句话：不懂文化的语言学习者只是个流利的傻瓜。跨文化交际的知识为日语学习者提供了在语言学习的同时进行文化学习的学习内容。在语言学习的同时进行文化学习并进行跨文化的比较，不仅可以增加学生学习日语的兴趣，而且有利于提高他们的跨文化交际能力。另外，训练跨文化交际能力的体验型学习方法也为日语学习方法提供了启发和借鉴。

第四节　基于文化视角的日语教学相关思考

一、语言教学与文化教学的关系

语言教学和文化教学、语言能力和文化能力是相辅相成的。从语言学习者的角度来看，外语学习既是为了掌握新的交际工具，又是为了学习和了解其文化；从外语教学的角度来看，教授语言的同时也是在教授文化。在强调语言与文化教学并重时，我们应当注意在外语教学中要从文化的角度教语言，因为只有把日语教学置于整个人类文化的系统之中来认识，才能清楚地看到外语教学的最终目的在于不同文化之间的交流、理解与融合。文化教学与语言教学应贯穿于教学全过程和课堂教学这一主渠道中。对教师而言，它有一个

"语言文化基础教学＋跨文化意识培养令跨文化交际能力培养"的教学实践过程；对学生而言，它是一个由点到面、由表及里，将语言知识内化为自身素质，并逐步转化成跨文化交际能力的学习发展过程。例如，组织学生亲自参与日语主题文化活动，通过让学生亲自动手、动口、动脑，既能使教师在师生互动中增强自身的文化意识，又能使学生掌握特定的文化知识，提高他们学习日语文化的兴趣。

二、母语文化与目的语文化的关系

日语教学的内容要以母语文化为基础，这是学生在跨文化交际中的立身根本。但在大学日语的课堂中进行母语文化教学超出了大学日语教学的要求，也不是大学日语教学单独可以完成的。因此，在大学日语教学中的母语文化内容要以母语文化内容的日译（如何表述母语文化内容）为主，同时进行母语文化与目的语文化的对比。

日语教学中目的语的文化学习是重点，学习目的语文化是掌握目的语所必需的，同时学习目的语文化能让大学生意识到自己的文化身份，这也是学生建立文化身份的途径。只有在深入了解目的语文化的基础上，学生才能更深刻地理解母语文化，同时学生才能理解到中国历史和文化是整个世界的历史和文化的一部分，学生才能理解到自己不仅是中华文化的传承者，也是世界文明的延续者。

学生不仅要知道孔子、孟子的智慧，也要了解柏拉图、孟德斯鸠的思想精髓，不光要知道中国几千年的史实，也要了解世界几千年的发展。这也正是外语教学的桥梁作用，不是让中华文化与西方文化对立起来，或者简单地以民族自豪感取代文化交流中自由和实事求是的态度，而是让学生明白母语文化和目的语文化不是分隔的和对立的，要能从不同的历史和文化中吸收养分，让学生成为优秀的跨文化人。

三、教师的能力要求与教师自身文化素养的关系

由于文化本身的复杂性和内涵的丰富性，所以对传授文化的教师自身的文化意识和跨文化交际能力提出较高的专业要求。外语教师有大量的语言、语法、词汇等资料供参考，但介绍社会文化方面的书籍却很少。这就需要教师平时尽可能多地学习目的语文化知识，阅读大量的日文报纸、杂志和文学作品等，通过各种途径日积月累，去丰富这方面的知识和技能，否则自己可能不自觉地犯"文化错误"。同时，建议在大学教师进修或培训中加强跨文化课程的设置和学习。只有教师具备了深厚的跨文化素养，有很强的日汉语言能力和跨文化交际能力，才能够为学生树立良好的学习榜样。此外，应加强大学日语的跨

文化学习，特别是师范院校日语专业的日语文化教学，保证日语的良好师资。

增强我国学生的日语文化意识和跨文化交际能力不可能一蹴而就。语感和语境能力的培养，需要长期的积累和大量的语言实践，需要通过教师与学生双方的共同努力，不断探索才能逐步形成。随着全球化浪潮的日益高涨，随着中国走向世界，外语教学中的跨文化交际意识的培养也愈发显得重要。日语教学如何在 21 世纪的历史条件下帮助培养出合格的复合型、国际型人才，这对所有外语教育工作者来说，无疑是一个值得认真探索的新课题。

四、日语文化培养目标、教材、方法的思考

（一）关于三个层次培养目标的思考

1. 第一层次

让学生能自如地表述自我和母语文化，具备用日语表述母语文化的能力。对西方人来说，中国人和中国的文化都是"文化上的他者"。如何避免西方将中国的民族文化和民族自我淹没在西方式的话语中，就必然要依靠中国人对自我文化的阐释和表述。

2. 第二层次

让学生能够深刻理解目的语文化的深层内核，具备对目的语文化的理解能力。对学生来说，目的语文化也是"文化上的他者"。如何避免将目的语文化"他者化"，如何避免文化障碍是大学生学习的主要目的之一。

3. 第三层次

第三层次是终极目标，是使学生成为"跨文化"的人。因为学生所具有的"他者"身份，他们可以有意识地与目的语文化价值观保持距离，可以从"他者"的视角来审视目的语文化，指出西方人习惯地对"他者"的冷漠，不但可以令西方人反省自己的文化，也能为自己争取到"话语权"。同时，学生的"他者"身份也为自己提供了一个认识自我的参照，从"他者"的角度看母语文化会让学生进入反思"自我"的旅程，学生能重新认识习以为常的社会。

"跨文化人"可以使学生能够以他者的眼光观察母语文化和目的语文化的社会、历史、价值观等，"他者"的优势就是"旁观者清"，"只有旁观者能纵观全局"，通过这样对文化的观察，学生学会反思两种文化模式，重新审视两种文化中的社会价值观，能够更深刻和

批判性地认识自我，同时在这一过程中学生能建立文化身份，弥合西方与东方的差异。大学生就应该能够从边缘的视角审视这两种文化，弥合两种文化，从两种文化中吸收养分。

（二）关于教材的思考

1. 专栏介绍仍然是必要的一种形式

用专栏介绍目的语国家的文化背景知识、社会文化习俗仍然是必要的一种形式。不能因为这种形式容易使学习者产生所谓的"定型观念"就予以全盘否定。从人类认识外部世界的规律来看，高度概括的方式可以帮助人们简捷地认识外部世界。在教材呈现异文化方面，应该将其作为一个帮助学习者理解、认识异文化的初级阶段，这是出发点。在专栏的处理上，教材的编写者除了精选专栏内容外，有尽量避免给学生造成"定型观念"的意识也非常重要。例如，《义务教育课程标准实验教科书日语》七年级上、下册的专栏就是让一个日本中学生出场，让"她"来介绍自己的学校、家庭生活，目的是避免让学习者形成日本学生如何如何的"定型观念"。

2. 多方位、多角度呈现某一种文化现象或看待文化的视角

在专栏介绍的基础上，要尽可能多方位、多角度呈现某一种文化现象或看待文化的视角，引导学习者思考，最终使他们获得一种能够不断进行自我修正、打破"定型观念"的能力。

3. 尽可能介绍真实的、与学习者有不同文化背景的学习者生活和学习情况

对于外语学习者来说，他们缺乏目的语国家日常生活中的真实的感受和体验，所以教科书介绍真实的、与学习者有着不同文化背景的学习者的生活和学习情况对学习者的跨文化理解意识有着直接的帮助。一方面，为避免形成将所介绍的个人概括化的倾向，可多选择几个人物进行介绍，使学习者深切地感受到即便是同一个文化背景下的人，其生活习惯、思想意识等也必然存在差异，通过对多个个体的人的理解进而理解文化的多样性。另一方面，将与学习者有着相同背景的主人公直接置身于异文化背景下，对于主人公体验到的"文化冲击"学习者就好似自己亲身经历一样，容易引发学习者对文化多样性的认识和思考。

（三）关于教学方法的思考

日语教学中在面对各种教学法流派，以及针对不同研究对象和视角的研究理论时，需要保持清醒的头脑、博采众长，因为不存在一种万能的或最好的教学方法，在教学中要

根据实际情况，灵活适当地加以实践。

可以借鉴和学习欧美的理论与流派，由于文化背景和社会历史的差异原因，对我国日语教学的指导作用和影响力还需要本土化的实践和研究，不能将其直接运用到我国的日语教学中。

1. 个性化学习

源于人本主义的教育观，满足学生对课程自我掌控的要求，学生选择个性化的学习方案，使用规定的或自学的材料，自己设定学习进度。

个性化学习尊重学生的个性，教师根据学生的兴趣、特长、需求进行调整，学生是一种自主性的学习。教师从教授者和权威者转变成学生的合作者，甚至是学习者，学生不再是被动的听讲人而是主动的合作者，能促进学生形成终身学习的理念。

2. 以目标为指导的外语教学

教师和学生建立平等的伙伴关系，共同努力以达到一定外语能力、程度的要求。目标具有激励的作用，可以将人的需要转换为动机，并将学习结果与目标进行对照，及时调整，直至达成目标。

3. 自主学习

自主学习是一种较为新兴的语言学习方式，是与传统的被动接受性学习相对应的学习方式。利用已经开发好的语言学习材料，由学生自己进行自主学习，给学生配备语言导师进行语言的实际操练，在学习完成后，进行测试和评估。

把学生作为学习的主体，通过学生独立的观察、分析、实践来达到学习目标，培养学生自己收集和处理信息的能力、分析和解决问题的能力，以及交际和合作能力。自主学习能有效利用教师资源，降低高校开设语言课程的成本。

五、"跨文化交际"日语人才培养模式的构建思考

（一）构建合理的"语言 + 文化"的课程体系

日语专业的人才培养目标是培养具备扎实的日语语言基础知识和基本技能的，能够在外事、经济、文化、旅游等企事业从事翻译、教学、管理等工作的，具有实践能力和跨文化交际能力的复合型日语人才。因此，在课程设置过程中，除了对所学语言的专业课程的学习外，还要充分考虑到文化因素的重要性，要对所学语言所属国家的历史、文化概况

进行全面的认识，构建一个能够使学生语言基础知识和跨文化交际能力互相支撑、互相渗透的课程体系。使学生的知识结构更合理，相关技能更完善，以适应跨文化交际的需要。语言基础课程设置日语精读、日语语法、日语概论、日语视听、日语写作、日语会话等课程。文化课程设置日本世情、日本社会文化、日本文学等课程。全校的公共选修课上，开设一些外国语用学、国情语言学、语言与文化、跨文化交际等课程，以提高学生对异文化的认识和理解，培养学生的文化交际能力。

（二）加强语言教学与文化教学的融合

外语教学的一个主要目标就是培养学生的跨文化交际能力。然而，在我国目前外语教学中，仍采用以应试教育为主的教学模式。在这一模式中，无论是教师还是学生都是从考试的角度出发，进行语言基础知识的讲授与学习，文化在教学中始终处于从属地位。在实际交际中真正使学生感到困难的不是某个语音发不准或是某个语法规则使用不当，而是与不同文化背景的人进行交际时所使用的语言是否得体。文化因素存在于最简单的交际活动中，文化教学也应该存在于最基本的日常教学中。教师在教学中只有自始至终将语言教学与文化教学结合，把语言形式放到社会文化背景中进行教学，让学生积极地参与其中去吸收、领悟、接受不同语言中所承载的不同文化，努力理解语言使用的文化背景，才能消除跨文化交际的障碍。因此，将语言教学和文化教学有机地结合起来，既是对外语教学实践性原则的延伸，又是培养学生跨文化交际能力的重要途径。

（三）探索适合文化教学的方法和手段

不同文化背景下的学生在认知能力、理解能力、逻辑思维与判断能力等方面都存在着明显差异。因此，要培养学生的跨文化能力也必须根据学生的不同情况适时地调整教学方法。这就要求教师从传统的"书本位"和"一言堂"等教学模式中跳出来，转变为以学生为中心的学生本位教学模式。课堂授课应从学生的认知结构和理解水平出发，教师应不断拓宽思路和视野，积极探索适合跨文化交际能力培养的教学方法与策略，并应用到课堂教学中去。此外，教师在教学中应充分利用电影、电视、录像、幻灯片、互联网等多种教学手段，通过这些生动、鲜活的声音，图像等方式，可以让学生更直观、感性地体验相关社会文化的感染力，从而激发学生学习文化的兴趣。

不同文化背景的人在价值观念、行为准则及思维方式等方面都有着极大的差异，只有具备正确理解、辨识和处理不同文化差异的能力，才能保证跨文化交际的顺利进行。跨文化交际能力的培养不仅是日语教学的根本目的，而且是当今全球经济一体化环境下经济文化交流对日语专业人才的实际社会需求。因此，在日语教学中，培养学生的跨文化交际能力至关重要。教师不仅需要帮助学生提高基本语言技能水平，更要加大中日思维方式、文化传统、价值观念方面差异的教育力度，通过各种教学方法、手段及途径为学生提供多方位的跨文化交际体验，最终达到提高学生跨文化交际能力的目的。

参考文献

［1］张锐 . 现代日语教学思维创新与实践探索 [M]. 长春：吉林人民出版社，2021.

［2］程青，张虞昕，李红艳 . 日语教学理论与实践模式研究 [M]. 长春：吉林人民出版社，2019.

［3］宋艳军，彭远，凡素平 . 全球化语境下的日语文化教学研究 [M]. 青岛：中国海洋大学出版社，2019.

［4］李明姬 . 日语教学与思维创新研究 [M]. 成都：西南交通大学出版社，2017.

［5］宋琳，艾昕，崔爽 . 日语教学与文化视角 [M]. 北京：中国纺织出版社，2020.

［6］李宁宁 . 日语教学与思维创新探索 [M]. 长春：吉林人民出版社，2019.

［7］李晓艳 . 日语教学的理论与模式研究 [M]. 长春：吉林出版集团股份有限公司，2022.

［8］符莹 . 现代大学日语教学理论与实践模式研究 [M]. 北京：群言出版社，2023.

［9］徐婷婷 . 高校学术研究成果丛书现代日语教学理论与实践模式研究 [M]. 北京：中国书籍出版社，2023.

［10］陈为民 . 日语教学的模式分析与跨文化视角解读 [M]. 长春：吉林出版集团股份有限公司，2022.

［11］郭鸿雁，周震 . 新时代外语教学改革：理论与实践探索 [M]. 银川：宁夏人民教育出版社，2020.

［12］朴龙德 . 现代日语始动体的语义扩张机制研究 [M]. 杭州：浙江工商大学出版社，2020.

［13］赵平 . 新时代商务日语 [M]. 上海：上海外语教育出版社，2020.

［14］李漫琪 . 大学日语教学理论与实践模式研究 [M]. 长春：吉林出版集团股份有限公司，2023.

［15］王星 . 日语句末功能词的语篇特征研究 [M]. 天津：南开大学出版社，2020.

［16］梁辰 . 汉语母语者的初级日语偏误研究 [M]. 苏州：苏州大学出版社，2020.

［17］曹春玲 . 全人教育日语写作技巧与实践 [M]. 武汉：华中科技大学出版社，2021.

［18］程青 . 中学日语教学与场景应用 [M]. 长春：吉林大学出版社，2020.

［19］侯占彩 . 认知语言学视角下的日语教学探究 [M]. 北京：知识产权出版社，2021.

［20］安宁 . 日语阅读新思维 N1 读解 [M]. 北京：北京语言大学出版社，2020.